little spaces:
Kumiko Inui+
Tokyo University of the Arts Inui Lab

小さな風景からの学び
さまざまなサービスの表情

乾久美子+東京藝術大学乾久美子研究室

風景のポートレイト　　乾久美子

小さな場所の魅力

東日本大震災の被災地の様子を見にいっていた時のこと。いまだに瓦礫が散在する市街地の全容を確かめようと、小さな高台にある中学校を訪れた。仮設住宅団地に転用されていた校庭を静かに通り抜け、その先にある藪に入り、獣道のような人の足跡をたどった先に、中心市街地の方角をひっそりと見下ろせる場所が見つかった。痛ましい風景にオブラートをかけるように木々の梢がそれらを縁取っており、その手前のほんの僅かな平場にはふたつの学習椅子が置いてあった。背後にある仮設住宅団地に住む人の何人かがここに足を運び、かつての生活に思いを馳せている。そうした時間を支えるために、誰かが市街地を見下ろしつつも梢に守られながら静かに時間を過ごせるような場所を見つけ、さらに他の誰かが学習椅子を学校から持ち出して置く。ふたつの椅子は、他人同士で座っても、家族同士で座っても不自然にならないようにということなのか、とても微妙な距離が保たれている。そうしてできた小さな場所に、人を包み込むような優しさを感じて心が動かされた。悲惨な被災地であるにもかかわらず、その場所に魅了されたのだ。そして、多少のうしろめたさを感じつつも、その場のすべてを記憶にとどめたい気持ちが勝ってシャッターを切った。

これまでも、こうした小さな「生きられた場所」は興味の対象だった。誰がつくったのかわからず、偶然かもしれないような形や配置の意味や構造を日常の中に見出し、それを自らのデザインへと結びつけたくなる欲求はデザイナーの多くがもつものであり、私もそのひとりとして、外出の際にはいつでも撮影できるようにとカメラを携えることが常であった。例えば人が自然との間のバランスを探すことから生まれたような集落の風景などは何度見ても驚きの対象だし、まちの中に溢れ出した即興的なものや活動にも感心する。動物的なカンともいえる想像力をもって空間の資質を見極め、そしてほんの少しだけ手を入れて自らの居場所をのびやかに拡張していく様は、見ているだけでも心が満たされる。そうした感覚を覚えるたびに、バッグからカメラを取り出していた。

しかし、被災地であの小さな場所を見つけてからは、その興味がこれまで以上に膨らむようになってしまった。場所を生み出すための根源的な何かに触れた感じがしたからだろうか。それからというもの、田園の中の農業小屋、まちなかのちょっとしたベンチの配置、果てにはなんてことのないようなゴミ置場であっても、場所の使い方のセンスがいいなと感じるものであれば、とりあえず撮影しておくということを繰り返すようになった。本当にささやかなものであったとしても、それをつくった人の、あるいはそうした場所を発見した人の「個人的な意味の中心」（エドワード・レルフ）として

位置づいている。そのような生きられた場所が実際にそこに生きていない他者にとっても魅力的なのは、そこに誰かの知覚空間や場所の中心があることを信じることができ、さらにその中にエキゾチズムすら覚えるからかもしれない。あたかもそれが世界の中心であるかのように思えてしまうような充実感は、異国のまちに立つ際に覚えるものにも近似している。

教育と実務の両方から

こうした生きられた場所への興味は、事務所での実務とも関連している。最近では、「延岡駅周辺整備プロジェクト」(2011年〜、宮崎県)でプログラミングの提案を求められているように、そもそも「何をつくるのか」「なぜつくるのか」ということまでを整理しなくてはいけない場面が出てきた。これまでのように施主の希望に対して「どうつくるか」を答えればいいだけのものから、人が集まることに対する根源的な提案が問われるようになっているのだ。こうした新しいタイプの要求に応えるべく、人の集まりの意味を求めて市民活動の活動拠点やコミュニティ・カフェなどの事例を地道に調査するようになったのだが、そうした調査の中にも、先ほどの「読み人知らずの場所」が登場することに気づいた。人を集めている場所の中には誰がつくったのかわからないような半公共的なものが存在し、公共施設以上の盛り上がりを見せている。設計者としてその事実は無視できるものではないし、むしろそこから何かを学ばなくてはならない。

「アノニマスで生きられた場所」とは何か。なぜ人を引きつけてしまうのか。これまでも繰り返されてきた問いである。被災地で見た椅子の風景だけであれば、私個人の問題としてとっておくことができたのだが、プロジェクトのための調査で出合う事例ですらそうなのだから、心の中にとどめておくことができない。人を引きつけるような魅力的な公共空間をつくること、そうした目の前にある課題を解くための鍵として、徹底的に調査しなくてはと思うようになった。しかし相手は現象的なものでもある。数個のサンプルからだけでは何もわからないだろうし、その現象をいきなり建築のデザインに融合することはできない。やはり、それらを何かしらの形で抽象化して構造を見出す必要がある。そのためにもサンプル数を増やし、ある種の客観性に至りたいと感じるようになった。

ちょうどよいことに、教鞭を執っている東京藝術大学の建築科では計画的な空間よりアノニマスで生きられた場所に興味をもつ学生が多い。彼らを、サンプル数を増やすための強力な仲間にしようと考えた。ちなみに学生によるアノニマスな空間のリサーチは、藝大だけにマニアックなものが多くて面白いのだが、なかなか設計に結びつくところまでは行かない。そうした学生に出会うたびに、「残念でしたね。リサーチはよかったんですけどね」と声をかけつつも、彼らのがっかりする姿に自らを投影するようになった。生きられた場所を大量に採集してみたいと思ってはみたものの、設計の何かに結びつくかどうかは彼らと同様に見通しがつかないからだ。とはいっても、ほのかな見込みはある。生きられた場所が誰かのための密実で調和のとれたコスモスだとするならば、その中から「どうつくるか」を学ぶというよりは、そもそも「何をつくるのか」「なぜつくるのか」といった根源的な問い、つまり、人はどういう「場所」を求めているのかを見つめ直すきっかけを求めるべきかもしれないと感じるようになったのだ。

リサーチの方法と見えてきたこと

私たちのリサーチの特徴は、手段を写真に限定していることとサンプル数を膨大にしていることに尽きるだろう。写真を選択した理由はさまざまにあるが、もっとも重要なのは、何かがあると感じれば、理由がわからなくてもとりあえずシャッターを切っておくというタイプの行動が可能になるという点であった。スケッチだとそうはいかない。あらかじめその対象の中に描きたい構造をはっきりと見つけておかないかぎり、線の1本すら引き始めることが難しいからだ。また、そもそも「場所」は現象的なものでもあり、自らがその現象の一部になってしまうこともある。そうした対象に対して、写真という徹底的に視覚的なものにいったん還元することで、対象を客観的に見ることが可能になるのではないかと考えた。

そうして写真でやると決めたあとは、とにかくどんどん撮った。気になったものや場所は全部ファインダーに収めるということを皆でやり続けた。もちろん、ひとつだけルールはつくった。単に撮影しただけでは、各自の撮影のクセが出て分類がしにくくなる。そこで最低限のルールとして、ベッヒャー夫妻の写真のように、対象に対して正対かつ中心に持ってくることを義務づけた。

Typologies of Industrial Buildings, Bernd Becher and Hilla Becher (The MIT Press, 2004)

撮影には私と研究室の学生、そして乾事務所のスタッフ数名が参加し、半年以上をかけて行った。場所も東京からスタートして、多くの都道府県を手分けして回った。ちなみに「身近さ」が大切なポイントだったので、場所は日本に限定している。次に撮影してきた写真の整理方法についてであるが、生きられた場所の多くはきわめて具体的な要素の集合体であり、その中に抽象的な構造をいきなり発見することは難しい。そこで撮影してきた写真を「似たもの同士」で集め、それらに見られる特徴を浮かび上がらせながら、生きられた場所の魅力の源泉となる構造を取り出そうと考えた。

とはいっても似たもの同士という定義はいかにもいい加減だ。そこに見出される特徴は対象そのものにあるのではなく、まわりの環境であったり時代性であったりとさまざまな要素が連続的に組み合わさって生まれる文脈の中から生じているから、それらが似ていることを言語化するのは難しい。また空間のように「ロー・コンテクスト」なものは読まれ方が人によってかなり異なるから、実際、なぜ似ているのかとお互いに問いただしても「なんとなく、そう思うから」としか言いようのない場面も多くあった。しかしそうした言語化できない文脈を一瞬にして読み取ることこそが、人間が環境とゆたかな関係を築く時に必要とされる能力のひとつだと感じられたので、「なんとなく」という直感に希望を託して「似たもの同士」を探っていった。

もちろん「なんとなく」が単にでたらめであったり、個人的な思い込みであったりしては意味がない。「なんとなく」としか言い表せないものであっても、多くの人に伝達され共有されうる価値を見出す必要がある。そこで枚数が少ない初期段階から分類の作業をスタートし、自分たちの感覚を研ぎすますことと、共有できる価値のありようを探っていった。そのため写真群は何度も解体・再編成されることとなり、最初の頃に生まれた写真のまとまり（途中から「ユニット」と呼ぶことにした）は、最終的にはひとつも残っていない。

そうして撮影と類型化を繰り返していくと、期待していた通りに写真同士に共通する構造が見出されるようになった。ものの配置のリズムのよさ、何か中心となるものがあることなど、いわゆるデザイン・パタンとでもいえるものだ。それぞれは非常に興味深い現象を表していて、こうしたパタンを使えばいいデザインになりそうだなという予感がする。しかし問題をその次元にとどめてはいけない。それこそ「どうつくるか」のモチーフとしてのリサーチに陥ってしまうのだから。「何をつくるのか」や「なぜつくるのか」というような、現代に求められるある種の哲学的な問いに対しての回答へと至るためにはもうすこし辛抱をして、それらが指し示す別の「何か」をつかみ取りたいと考えた。

引き続き写真を撮影し続け、分類し続ける中でわかってきたのは、いいなと思うものとそうでないものとの間にある圧倒的な差であった。最初は面白い場所を見つけてきた興奮のほうが勝るからか、文脈の読みや善し悪しの判定に個人のバラツキがあったのだけれど、日を追うごとに、そのバラツキが目立たなくなってきた。撮影が日常生活の一部になり、膨大な量の写真を浴びるように見続けていくと、面白いことに判断についての全員の感覚がおおむね一致するようになっていったのだ。

しかし、いいなと皆が思うものを並べてみても、それらの間に脈絡があるわけではない。いかにも居心地のよさそうな木漏れ日が満ちる木陰の風景[●1]に惹かれる一方で、プラスチックの食品トレーでできた神輿[●2]といった不自然きわまりないものにも魅力を感じる。また、商業的な行為から生まれているものもあれば、自治会のものや、市民の個人的な活動もある。用水路や、水路に架かる橋などのインフラ的要素の場合もあれば、単なる植物でしかない場合もある。人の関与も強かったり、弱かったり。そうしたバラバラな対象であるにもかかわらず、なぜか「これはいいね」という感覚だけは一致するのだ。とても不思議だった。そうした全員が認める「何か」の中に生きられた場所のもつ魅力の源泉がひそんでいるのではないかと考えるようになった。

とはいっても、明らかに美しい木々の木漏れ日と食品トレーの神輿を同様のまなざしで評価できることとは一体何なのか、そうしたてんでんバラバラの写真群に一致するものとは何なのかなど、なかなかひと言で言い表すことができない。困ったなと思いながらも作業を続けていたのだが、写真選定や類型化の最終段階になってきて、ふと「サービス」という言葉が頭に思い浮かんだ。食品トレーの神輿に代表されるように、デザイン的な洗練からほど遠いような類いのものや場所について会話をする時や、人の関わりによって生まれる生活景などについて議論する際に、なにげなく「サービス精神があるかないかがポイントだよね」と指摘し合っていたのだが、そうした感覚を、人の関与の仕方だけにとどまらせる必要がないことに気づいたのだ。

サービスという概念の導入

生物多様性が生み出す人間社会にとっての便益、つまり自然の恩恵を広く指すものに「生態系サービス」という言葉がある。生態系を人間社会を中心とした視点の中

[●1]

[●2]

供給サービス	1	食料 (例:魚、果物、きのこ)
	2	淡水資源 (例:飲用、灌漑用、冷却用)
	3	原材料 (例:繊維、木材、燃料、飼料、肥料、鉱物)
	4	遺伝子資源 (例:農作物の遺伝的多様性を利用した品種改良)
	5	薬用資源 (例:薬、化粧品、染料、実験動物)
	6	観賞資源 (例:工芸品、観賞植物、ペット動物、ファッション)
調整サービス	7	大気質調整 (例:ヒートアイランド緩和、微粒塵・化学物質などの捕捉)
	8	気候調整 (例:炭素固定、植生が降水量に与える影響)
	9	局所災害の緩和 (例:暴風と洪水による被害の緩和)
	10	水量調節 (例:排水、灌漑、干ばつ防止)
	11	水質浄化
	12	土壌浸食の抑制
	13	地力 (土壌肥沃度) の維持 (土壌形成を含む)
	14	花粉媒介
	15	生物学的防除 (例:病害虫のコントロール)
生息・生育地サービス	16	生息・生育環境の提供
	17	遺伝的多様性の保全 (特に遺伝子プールの保護)
文化的サービス	18	自然景観の保全
	19	レクリエーションや観光の場と機会
	20	文化、芸術、デザインへのインスピレーション
	21	神秘的体験
	22	科学や教育に関する知識

TEEBにおける生態系サービスの分類 ※ TEEB=The Economics of Ecosystem and Biodiversity
いであ株式会社編『価値ある自然——生態系と生物多様性の経済学:TEEBの紹介』
(環境省自然環境局自然環境計画課生物多様性施策推進室、2012)

に位置づけるために、サービスという経済用語をわざわざ借りていることがポイントの言葉だ。人間が身勝手に利用しているかもしれない便益も、わざわざ「サービス」として自然から「提供されている」と捉えるわけだから、人間のエゴイズムをむき出しにしたような印象を覚える。しかし、イメージだけで単に「自然が大切だ」などと言っているよりも、遥かに生態系のもつ多様さや奥行きの深さを知る視点を与えてくれる。自然の恩恵＝タダという人間の身勝手な思い込みから脱するために生まれた言葉だと聞いたことがあるが、たしかにこの言葉には、生態系という抽象的で大きすぎる対象を、あたかも意思をもった交渉相手のような具体的なものへと変換する力がある。

また、この言葉が面白いのは、人間中心の視点を持ち込むことにより、まずひとつに人間が直接利用できないような生態系の基盤的サービスの存在を明らかにしていることと、さらに人間が享受できる恩恵などほんの僅かでしかないことを知らしめる作用があることだ。そのように、人間の存在を起点としつつも、最終的には生態系の存在へと意識が向かうような視点の展開がある。「サービス」という言葉が頭に思い浮かんだのは、生態系サービスという言葉が指し示すような視点の展開が、私たちのリサーチでも必要なのかもしれないと感じたからだ。

人が用意した空間も、木陰のように自然のものも、デザインされたものも、されていないものも、とりあえず人の便益にかかわる「サービス」という視点から一元的に眺めることができる。その場で人に何が提供されているのか、その提供されたサービスはどのような価値をもっているのか、提供の方法は適切なのか、もっといい提供方法はないだろうかなどというように。木陰のように自然が生み出した場所であったとしても、人間の便益を中心に評価してみる。そうすると、偶然生み出されただけかもしれない木陰の風景が、単に抽象的な「木陰の風景」という記号的な存在から、その場を形づくる具体的な要素へと変容していくのだ。

他の事例も考えてみよう。例えば、川面に浮かぶ小舟の写真［●3］。静かな水辺に複数の小舟がなんとなく距離を置いてぷかぷかとしているだけにも見えるが、「水」が提供している浮力というサービスの受け取り方の上手な方法だと考えると、水という抽象的な存在が具体的な存在へとするりと変化し、ついでにその浮力の他の使い道を考えたくなるものにもなる。この小舟群の写真は「43 漂う」(p.76)という写真群（ユニット）としてまとめられたのだが、写真群から見えてくるのは、「漂う」もの同士の間に発生する引力と斥力の均衡だ。木陰の境内を悠々と歩く参拝客や、落ち着いたホテルのロビーでゆったりとくつろぐ宿泊客らの様子から感じられるのは、川面の小舟と同様に、お互いの距離感をデリケートに微調整しようとする態度と、それを促すような空間の微妙な不均質さと十分な広さだ。それは、川面で浮力というサービスが提供するものととても似ている。

あるいは、「96 照明いらず」(p.149) の事例にあるような静かな光に満ちた室内を、太陽が提供しているサービスの受容の現場だと見なしてみると、その技術のありようが突如として切実な問題として立ち現れるようになる。「58 プリクラフレーム」(p.93) の事例では、店先の飾りつけが店舗ファサードという機能を超えて、買ったものをほおばるお客さんが絵になるような額縁をサービスしており、「88 使いたおす」(p.137) では、その名の通り、部屋が提供する空間的サービスを、余すことなく使いたおす方法を、時間をかけて見つけているというように、単なる生きられた場所でしかなかったものが、建築的な知恵の宝庫へと変換される。

このように「サービス」という概念は、生態系サービスという言葉がそうであるように、普段思いをめぐらせない事物に対しての想像力を起動する引き金の役割を果たす。

風景が投げかける微笑み

こうして見てみると、人が魅力を感じつい立ち寄ってしまう場所というものは、さまざまなサービスに溢れているものだと捉えることができる。また、サービスの提供のされ方や、サービスの受け取り方が上手であるとも捉えられる。学生との会話の中で、木々や人工物がつくり出すさまざまな光景の写真を見ながら「この木やさしい！」とか「あのテント群は、なかなかやりますね」などと言ってしまうような擬人化を当たり前のように行っていたのだが、以上のようにまとめ

［●3］

てみると、私たち全員がそれらが提供する「サービス」の存在を無意識に感じ取っていたことの表れであったのだろう。そうした視点に立つと、いわゆる生きられた場所も、もう少し具体的なものとして私たち計画者の前に立ち現れるようになる。それらに魅力的なものが多い理由は、その場で提供される空間的サービスが、時間をかけて吟味され尽くしているからだと考えられる。その場で受け取ることのできる地理的、気候的、生態的、人為的サービスを何年にもわたって発見し受容する方法を見出し続けることで、その場における空間的サービスの最大化がなされたと考えれば、あのように包み込まれるような魅力や、あたかも世界の中心であるかのような密度感や充実感も納得できるのだ。では、その吟味を、誰がいつどの段階でやるかという問いが生まれるが、その可能性についてはさまざまな方向に開

きれいにディスプレイされた商品で文脈を提供
窓枠により「画面」が引き締まる効果を提供

若々しい葉っぱをたたえたプランター樹木でちょっとした物陰を提供
おしゃれな電飾でにぎやかさを提供
高原を彷彿とさせる白樺の枝でさわやかな雰囲気を提供
手づくり感溢れる看板で歓迎の気持ちを提供
洋風のイメージの葉っぱをたたえたプランター樹木で華やかさを提供
ゆったりとしたベンチで休息のひとときを提供

プリクラフレームに囲まれながら、おいしいお菓子をほおばる人

▭ プリクラフレーム的な効果というメタなサービス
▭ 人が直接的に受けているサービス

とある写真における「サービス」の様子① ──「58 プリクラフレーム」(p.093)

作業に適切な機能の組み合わせを提供

雨風をしのぐ作業環境を提供
室外機が作動する程度に外部的な環境を提供
事務作業を可能にする水平の床面を提供
トラックが駐車できる場所を提供
見通しのよい天井高さのある空間を提供
ものを放置しておける余裕のある場所を提供
明るさを提供
扇風機などが自由につかえる電力を提供

ゆったりとした機能的な空間の中で悠々と働く人

▭ 空間とその中の物とが織りなす総合的なサービス
▭ 建物が提供するサービス

とある写真における「サービス」の様子② ──「88 使いたおす」(p.137)

まえがき

いておくべきかと思う。「パタン・ランゲージ」（クリストファー・アレグザンダー）のように漸進的成長を目指して皆でつくり続けるような方法はもちろんそのひとつであるだろうし、ひとりの建築家が描く1本の線がその吟味に匹敵することも同様に起こりえる。また、計画者は結局のところ抽象的な空間、つまり限定的なサービスしか用意することができないとして、あとは使い手の想像力にまかせることもできる。いずれにせよ、大切なのは、それらが純粋に技術的な問題であると捉えて同じ次元で語るような言葉をもつことのように思う。これまで生きられた場所というものは、計画された場所とセットとなり二項対立的に捉えられてきた。それらは計画によって生むことができず時間のみがそれを醸成すると、計画者によってなかば自嘲的に語られ、そして到達し得ない目標として崇められてきたようなところがあるが、サービスという概念の導入によりもう少しフラットなものへと捉えなおせるのではないか。とはいえ、生きられた場所がもつ魅力や重要性が減るわけではない。生きられた場所を空間が提供できるサービスが最大化している状況だと捉えるならば、逆説的に計画行為の象徴になりえるのだ。

ここ数か月の間に追いかけてきた、誰かがなにげなしにつくった構造物、置いた跡、動いた軌跡に共通するのは、それらの目的や意味がひとつに収斂されないような適当なものばかりであるにもかかわらず、そうした場所の中で人は悠々と目的をこなし、またその中でくつろぐことができているという点だ。そこにある物理的環境は、生物にとってのゆたかな森のように、あたかも生きていくために必要とされる要素のすべてが凝縮しているといった様相がある。そうしたおおらかでゆたかな存在としての場所は、人の手によってつくられている場合もあれば、自然の中からうまく選び取られたりしている場合もあるというように多様性を帯びているが、それらを一元的に眺めていてつくづく感じるのは、気候や生態系をはじめとするサービスの数々の存在の威力である。サービスが存在するところに人びとは集い、それを享受するための場所を築こうとするというまぎれもない事実は、私たちに「何をつくるのか」「なぜつくるのか」という問いへの回答を示唆している。

ちなみに、生きられた場所と近い意味をもつ「無名の質」の生成原理を解明すべく考案された「パタン・ランゲージ」も、日光などのさまざまなサービスの受容方法の記述といえるが、「パタン・ランゲージ」では現象から普遍的なパタンを図式的に抽出することを重要視したため、「質を感じさせる何か」を切り捨てているような側面がある。

それを不満に感じていたのだろうか、たしかに私たちも複数の風景からパタンらしきものを取り出そうとしているが、それよりも重要視したのは、日常的に発見されるチャーミングな場所で見られる人とサービスとのダイナミックな関係を、そこから生み出される風景の表情を殺さないままに記録することであった。ひとつひとつの写真からでは難しいかもしれないが、これだけの枚数の写真が集まると、それぞれの場所が提供している空間的サービスに表情があることが感じられるようになる。たぶんそれらの表情こそが、私たちに現場でシャッターを押させた原因である。風景が投げかける微笑みに無意識のうちに惚れ込んでしまった私たちにとって、これらの写真群はある種のポートレイトのようなものともいえるのかもしれないが、にこりと笑いかけていたり、とぼけていたりするように感じられる風景の表情を飽きることなく見ることに、創造の水端があるような気がしている。ユニットから読み取られた空間構造を図式化などをせずに単純なコメントに凝縮して、写真は写真のままに残すという形式を採用したのは、以上のような理由による。

大量の写真群から読み取れる表情が日常体験の多様さと濃密さを明らかにし、その中にひそむさまざまなサービスの存在に思いをめぐらせるような視点を与えること。写真の群からパタンが抽出される瞬間を保存すること。それにより、さまざまなサービスの活用方法の新しいパタンを自らの想像力で自由に生み出し、運用してしまうような回路をつくり出すこと。それが、本リサーチで私たちが目論んだことだ。

──

被災地で出合ったベンチのある風景を今の時点で冷静に分析してみると、地形が見下ろしの光景を提供し、梢が休憩地としての居心地を提供し、ふたつの椅子がその居心地を補強していた。さらにその奥に広がる被災地の光景の悲惨さが、前景の小さな場所の安らかさを強調しすぎるほどに強調していた。そのように、地形、木、人、そして状況が提供するサービスの総体としてあの場があったのだといえるだろう。私はあの場所におそらく奇跡的なものを感じてカメラを向けてしまったわけだが、その理由は、それらのサービスのひとつひとつは単純でプリミティブなものでありながらも、震災直後ということから生まれた組み合わせの異常さにより、きわめて凝縮した文脈が発生していたからかもしれない。あの風景に慈悲の表情を読み取るのは難しくはないだろう。そのような神聖な場所は単に技術の問題として捉えることはできないし、すべきではないのかもしれないけれど。

調査方法

1. 撮影

1.1 撮影対象
撮影対象は、自然の光景から道端、土木構造物、建築空間、室内空間などの物理的環境すべてである。通常では、ジャンルが異なるために別々に語られてしまうような対象を、「空間のデザイン」として同じ次元で捉えることを狙った。具体的な調査対象は多岐にわたり、「何を」と指定することが難しいため、「気になる」風景という言い方にした。「気になる」などと言うといかにも適当な感じがするかもしれないが、人は言葉にならないような感性によって空間や場所の魅力を判断していると仮定し、魅力的な空間や場所のあり方を探ろうとした。

1.2 撮影対象へのアプローチ方法
土地勘のない地域であっても、より多くの「気になる」場所に出合うために、公共性がキーワードとなるような場所を中心に取材している。具体的には、①市民に人気のある公共施設、②まちづくりを意識した市民活動の場、③自噴井などのコモンズ(共有財)が活用されている地域、などである。図1のように、行政から個人に至るまでさまざまな主体が行っている公共性を帯びた活動を整理し、それらを一元的に見ることにした。

1.3 撮影対象の選定
具体的な撮影対象の選定には、建築やまちづくりの専門書籍や専門誌だけでなく、『ソトコト』などのライフスタイル誌なども手がかりに訪問地を決め、目的地への道中、道後を含めた撮影地とした。
(参照した図書のリストは、p.236「取材にかかわる参考文献・ウェブサイト」に掲載)

活動主体	活動の事例
自治体、行政	・市民感情に寄り添ったきめ細やかなサービスの提供をしている ・道路や河川といった公共空間の新しい活用方法を考えている
商業者	・積極的に地域振興の事業に参加している ・まちに開かれたコミュニティ・カフェを経営している ・アーケードの設置や維持によりまちづくりの要素として役立てている ・朝市や門前市などでまちのにぎわいをつくり出している
農林水産業者	・里山、田畑の維持管理を行っている
市民団体 NPO団体	・語り場やプレイパークの運営など市民参加の場づくりを行っている ・遊びや趣味で始めたサークル活動が観客を呼んでいる
地域コミュニティ	・交代で自治会館などの公共施設を清掃している ・ゴミ出しのマナーづくりを積極的に行い、それを守ることでゴミ置場の清潔さを保っている ・自噴井、共同の水場を維持管理している ・お祭りなどのイベントを企画、運営している
個人	・オープン・ガーデンでまちの来訪者を楽しませている ・垣根や庭木を手入れしたり、路地園芸で道に面した風景をゆたかにしている ・景観を意識して玄関先の道路の清掃を行っている ・場所の特性に合わせた独自の駐輪マナーを生み出している

[図1] 公共性を帯びた活動事例の取材ポイント

| 1.4 | 撮影方法

「気になる」がどこまでピュアに写真化できるかという問題に対しては、約半年の間ほぼ毎日、何十枚、何百枚という写真を撮り続けることで、撮影そのものを日常化し、1枚1枚の写真が無意識的に撮影されることに近くなる状況をつくった。デジタルカメラの特性を生かして、失敗を気にせずにどんどん撮影し、不要であれば躊躇なく削除することを続けた。カメラが日常の目の代わりになるぐらいまで使い続け、「気になる」ことが「自動筆記」されるような状況づくりを行った。

| 1.5 | 撮影枚数

2013年4月から大学や自宅近辺、東京近郊での撮影を開始した。そして、7月後半から9月いっぱいまでの大学の夏期休暇期間中に、撮影枚数を飛躍的に増加させた。最終的に、10月初めまでに約18,000枚の写真が集まった。

| 1.6 | 写真の選別と分類

単なる風景写真でもなく、室内から屋外までを一元的に見て「風景」として捉えるという、フラットな視点を全員で共有するには時間がかかる。そこで、撮影してきた写真はその都度プリントアウトして全員で共有し、「風景」としての善し悪しを議論し、同時に「風景」とは何かという認識を深めていった。もちろん、約18,000枚の写真をすべてプリントしたわけではなく、プリントアウトする前に各自で簡単に選別をしている。実際にプリントされ共有されたのは、全撮影枚数の4割ほどの約7,200枚である。さらに、調査の意義や切り口の再確認も「風景」の議論を通して何度も行った。そうした中で多くの写真が破棄されることになり、最終的に約2,300枚まで絞られた[図2]。

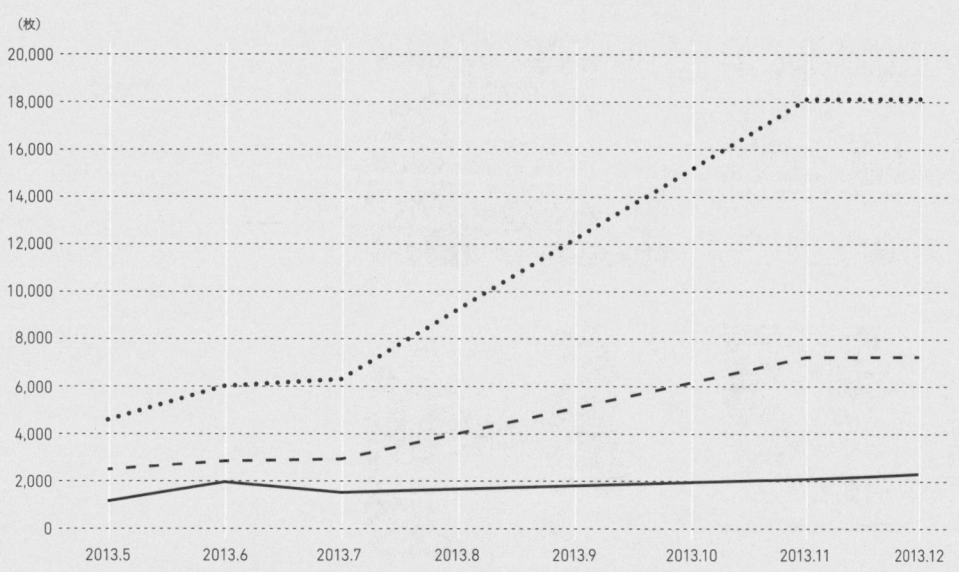

[図2] 撮影および採用された写真枚数の推移

| 2. 分析方法 |

| 2.1 | ユニット化

分類の方法は試行錯誤しながら行った。似ているもの同士を集めることを前提としたが、「似ている」の定義そのものも同時につくる必要があった。空間の形なのか、そこでの人の動きなのか、など可能性はさまざまに考えられたのだが、専門的な知識を使うのではなく、誰にでも直感的にその類似性が頷けるような分類になることを大切にした。そこで、ある共通項をもった写真を小さなひとまとまりとし、「ユニット」と名づけた。途中、何度もユニットを解体しては組み合わせ方を変化させながら、納得のいく切り口を探した。図3は、複数の事例写真がどのようにユニット間を移動し続けていったのかを示したものである。

| 2.2 | ユニット数

最終的には約170個のユニットができた(本書にはそのうち150ユニットを掲載)。これらの数は、今回撮影してきた写真のみで構成されており、取材時期は春夏が中心となったものである。今後、秋や冬における撮影を進めることがあれば、ユニット数はさらに増えることが予想される。

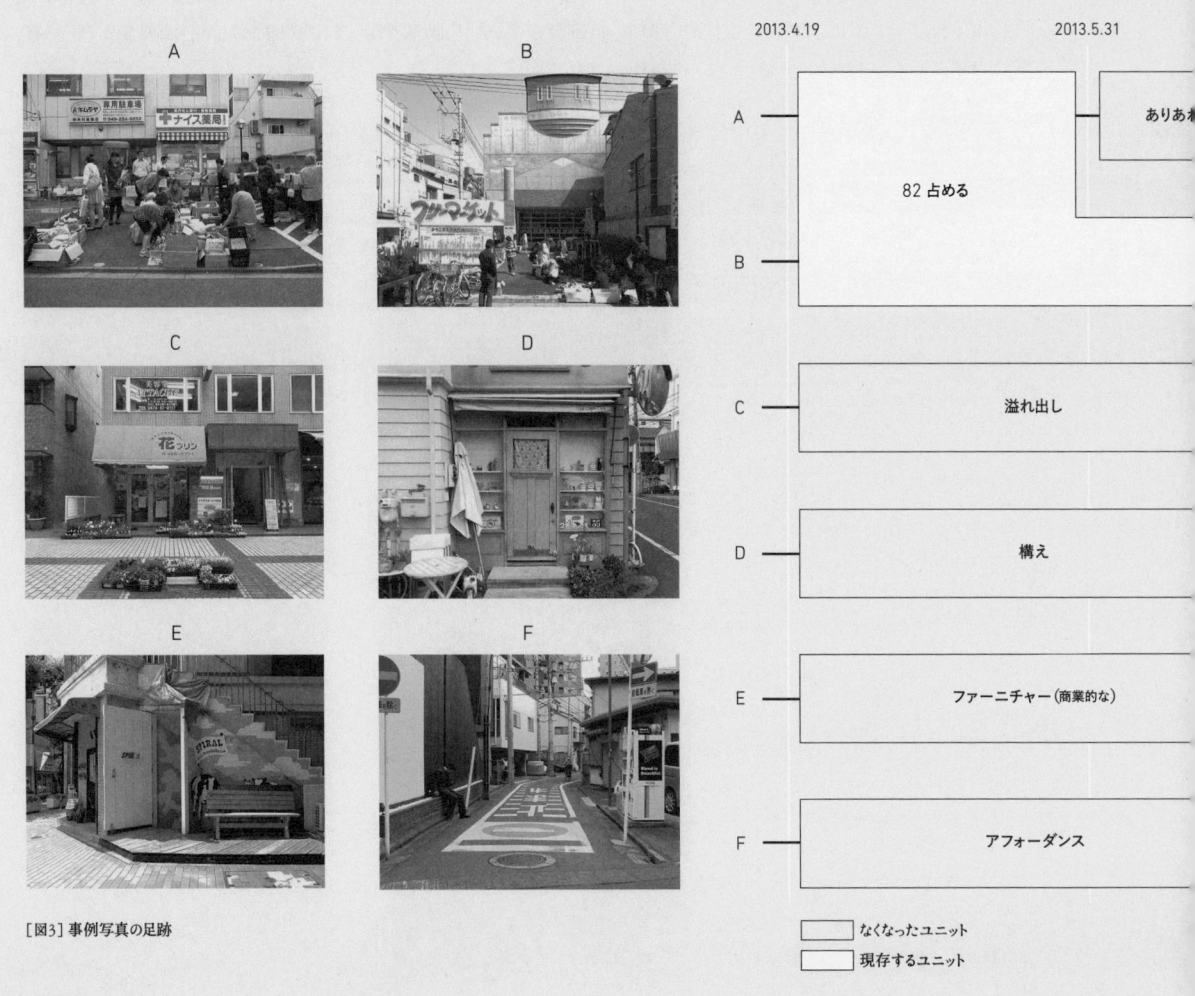

[図3] 事例写真の足跡

調査方法

2.3 ユニット名について

ユニットにはそれぞれ名前がついているが、ネーミングに統一感をもたせていない。「明るい」などの感覚的な印象を表したり、「ゆったり使用中」のような状態を擬人化して表す場合もある。また、「小屋」や「トンネル」といったものの名前もネームとして採用している。整然と類型化されたものを見るよりも、写真とネーミングのセットによって想像力を膨らませるほうが大切だと考えたため、むしろ感性の赴くままにつけている。

2.4 グループとユニットの並びについて

本書で扱う150個にものぼるユニットの全体像を把握することは難しい。そこで、ユニットの上位概念として、光に関するもの、影に関するもの、と似ているもの同士でまとまりをつくって「グループ」と呼ぶことにした。グループは全部で22個になり、それをもとに書籍に掲載する全体の並びを決めることにした。まず、グループ内ではユニット同士の隣接性を大切にしながら並びを決めた。次に、あるグループの最後のユニットと他のグループの最初のユニットとの隣接性のよさを手がかりにしながらグループの順番を決めた。そのため、1から150までのユニットは、緩やかに連続した関係をもって並んでいる。

■ 陣取り合戦
▲ 田舎のお洒落

もくじ

まえがき｜風景のポートレイト ——— 002
調査方法 ——————————— 010

---

a-並び方 ————————— 017
1 一糸乱れぬ並び
2 取り囲む
3 コピー&ペースト
4 等間隔
5 やまびこ
6 整列する
7 まちのギャラリー
8 向かい合わせ
9 縁取る
10 壁に寄り添う

b-スケール ———————— 028
11 まわりの大きさと少し違う
12 平べったい
13 やせている
14 路上の懐
15 気持ち大きめ

c-そっとおいてみると ——— 034
16 待ち合わせ
17 小屋
18 ボロ小屋
19 ポツンと商売
20 聖ナル
21 Y字路に立つ
22 隠れた水
23 動物との知恵くらべ
24 ひとりでがんばる
25 とりあえず椅子
26 とりあえずベンチ

d-集まり方 ———————— 056
27 ズッコケ三人組

28 距離のあるカップル
29 双子
30 三つ子
31 親子
32 ファミリー
33 似たものの集まり
34 類似と差異
35 集まってくる
36 ぎゅっ
37 島のような
38 積み上げる
39 収まっている
40 もののレイアウトでできている

e-散らばり方 ——————— 074
41 散らばっている
42 ミックスベジタブル
43 漂う
44 ごちゃごちゃにまぎれる
45 点々ぽつぽつ

f-内と外 ————————— 079
46 内のように外を使う
47 外のように内を使う
48 拡張する小屋
49 ゆたかな廊下
50 みちでひと休み

g-境界 —————————— 085
51 足下が見えている
52 半透明
53 薄く構える
54 ささやかな垣根
55 垣根

h-見せ方 ————————— 090
56 門
57 トンネル
58 プリクラフレーム
59 鳥居または鳥居的なもの
60 フレーミング
61 陰で切り取る
62 パノラマあき

i-屋根 —————————— 099
63 庇をつける
64 パラソル
65 屋根を架ける
66 アーケード

j-架ける ————————— 104
67 間に架け渡す
68 タープ
69 吊るす
70 何かを使って干す
71 小さな橋

k-図案 —————————— 112
72 縞々
73 玉散らし

l-にぎやかし ——————— 115
74 にぎやかし
75 タイポグラフィ
76 キャラやモチーフ
77 まちのキャンバス
78 子供のしわざ
79 石油製品
80 地域圏内を移動する

m-占拠 ——————— 127
81 不陸(ふりく)のない地面
82 占める
83 ところせまし
84 ヤドカリ
85 インスタント
86 机のある風景
87 偶然生まれた使われ方
88 使いたおす
89 緑をまとう

n-同調 ——————— 140
90 同じ方向を向く
91 発見された眺め
92 斜めに適応
93 木でつくる
94 白くあること
95 グレースケール

o-光 ——————— 149
96 照明いらず
97 光のそばに行きたがる
98 奥が明るい
99 穿たれた天井
100 あたたかい光
101 片側からの光
102 明るい
103 僅かな光
104 染みわたる光
105 反射

106 差し込む光

p-影 ——————— 163
107 影がちらちら
108 影が呼ぶ
109 建物がつくる影
110 大屋根
111 何かの下に入り込む

q-かたちあそび ——————— 174
112 少し持ち上げる
113 一文字
114 斜めのスパイス
115 さけるチーズ

r-色 ——————— 178
116 差し色
117 朱
118 同じ色で揃える
119 二色か三色
120 極彩

s-よせあつめ ——————— 187
121 雪崩のような溢れ出し
122 細かいものの集合
123 つけ足しペタペタ
124 パッチワーク
125 アタッチメント
126 よせあつめ
127 空き地に集まる

t-みち ——————— 195
128 細い道を抜けると
129 アテ
130 渡し
131 長い坂や階段
132 段差のシークエンス
133 たどる
134 何かに沿ってのびる
135 きわふわ

u-おおらか ——————— 204
136 水に近い
137 ゆったり使用中
138 眺めがいい
139 がらんどう
140 スコンと抜けて
141 包まれた空間
142 軽やかな構造
143 あけっぴろげ

v-日常 ——————— 215
144 空間をつくっている途中
145 無防備な洗濯物
146 みちでの生け花
147 まちの必需品
148 パブリックライブラリー
149 自分の手の内でできること
150 日常の中の物語

考察｜このリサーチを通して見えてきたもの、気づいたこと ——————— 226
あとがき ——————— 234
参考文献 ——————— 236
協力者一覧・クレジット・略歴 ——————— 238

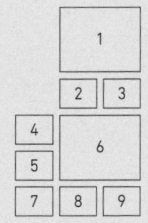

1-愛媛県今治市｜大三島ふるさと憩の家
2-高知県高知市 3-東京都新宿区 4-埼玉県さいたま市｜氷川神社 5-愛知県名古屋市｜熱田神宮 6-長野県上高井郡小布施町 7-島根県出雲市｜出雲大社 8-東京都千代田区｜3331 Arts Chiyoda 9-徳島県勝浦郡上勝町｜日比ヶ谷ゴミステーション

1 一糸乱れぬ並び

何かが並べられた風景は、ときにその場にある規範や美意識のようなものを露わにする。その並び方は、そこを利用し、または管理する人の性格や気質などを浮き彫りにして、初めて訪れた人びとにさまざまな物語を想像させる。エントランスに後付けされたスリッパ置場に整然と並ぶ青いスリッパを見れば、この場所がいかに礼儀正しく使われているかがわかるし、神社の境内をきれいに埋め尽くすおみくじや絵馬の並びは、日本人の几帳面な性格の賜物であろう。大量のビールケースが建物の目地や軸線に沿って、驚くほどきっちりと積み上げられている様子には、圧倒されるような感覚さえ覚えてえてしまうものである。

2 取り囲む

何かのまわりをぐるりと囲み、輪になること。おみくじや自転車、またベンチに座る人たちが皆で大きなひとつの輪をつくっているその様子は、まるで仲良く手を繋いでいるようで、チームとしての一体感のようなものが生まれている。それぞれのそれぞれに対する思いにかかわらず、その場におけるふるまいをたしかに共有した結果として、風景は浮かび上がっている。中心にあるのは、木や柱などといった物理的なものである場合もあれば、何もなく取り囲まれたひとつの「空気」である場合もあるが、ささやかな共同体の風景をつくる核として、その存在をたしかなものにしている。そのたしかな中心に吸い寄せられるように、ひとり、またひとりと輪に取り込まれていく。

1-熊本県熊本市｜熊本県営保田窪第三団地　2-東京都豊島区｜鬼子母神堂　3-島根県大田市　4-長野県諏訪郡下諏訪町　5-東京都文京区｜根津神社　6-東京都豊島区　7-千葉県船橋市　8-愛媛県今治市｜大山祇神社　9-東京都墨田区　10-青森県八戸市｜八戸ポータルミュージアム はっち　11-北海道札幌市　12-東京都豊島区　13-東京都世田谷区　14-東京都日野市

a-並べ方

3 コピー＆ペースト

「わかった、わかった」と言いたくなるほど、同じものが何度も、おせっかいなくらい繰り返される風景。連張りされた広告、コインロッカー、店先の暖簾（のれん）、祭りに集まったおじさんたちの後ろ姿……。構成要素のひとつひとつは特別でないものでも、それらがきれいに並べられると全体でまるで大きな模様のように見え、ときに圧倒的である。緩やかな弧を描いてかけられた果物屋の「すだち」の暖簾からは、「見てって！買っていって！」とアピールする声が聞こえてきそうだし、ビシッと整列した後ろ姿からは、これから神輿を背負う男たちの意気込みと緊張感がじわじわと伝わってくる。要素が何度も繰り返されることで、まるで何かを声高に主張しながら群となって行進しているような力強い風景をつくり出している。

4 等間隔

まちの中で、同じ種類のものが等間隔に並べられているのを見ると、風景の中に一定の落ち着いたリズムが感じられて、普段は雑然としたまちも少し整頓されているように見える。等間隔に並べるという行為は、そもそもものを配置する際の最も合理的な方法のひとつであるが、それがひとたび風景として立ち現れてくると、そうした合理性を超えて、並べた人の律儀さがにじみ出ているようにも思われる。例えばオープンカフェのベンチや家の前に並べられた植木鉢など、簡単に動かせるようなものであればあるほど、その印象はことさらに強くなる。等間隔に並ぶものは、そうした律儀な人格の代弁者であり、風景全体をキリッと引き締めている。

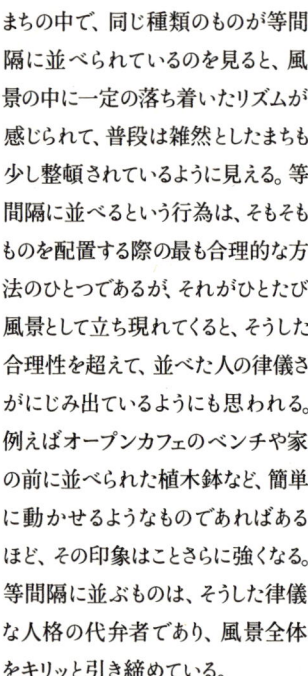

1-鳥取県八頭郡八頭町　2-東京都目黒区　3-兵庫県姫路市　4-愛媛県松山市｜済美高等学校　5-徳島県徳島市｜東新町商店街　6-熊本県上益城郡山都町｜馬見原商店街　7-新潟県糸魚川市｜筒石漁港　8-鳥取県岩美郡岩美町　9-福岡県柳川市

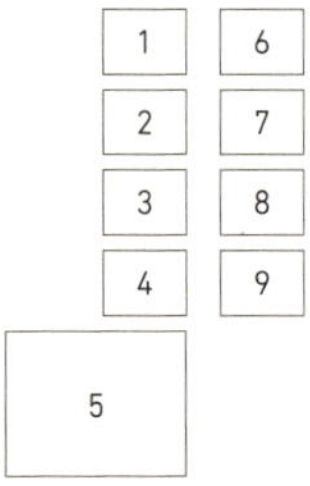

a-並べ方

1-徳島県徳島市　2-愛媛県今治市｜今治市しまなみふれあい交流館　3-東京都新宿区｜花園神社　4-島根県隠岐郡海士町　5-鳥取県倉吉市　6-新潟県上越市｜越後高田雁木通り　7-島根県鹿足郡津和野町　8-鳥取県鳥取市　9-島根県出雲市｜旧大社駅　10-千葉県八千代市　11-広島県広島市　12-福岡県柳川市　13-愛媛県今治市

5 やまびこ

やまびこのようにものが一定の間隔で反復しながら並んでいると、周囲の空間が大きくのびやかなものに見えてくる。同じものの反復が地平の方向性を強調することで、空間を支配しているはずの重力の方向性は相対化されて、風景全体は軽やかな印象となる。さらに、反復が刻むテンポはその軽やかになった風景にリズムを与え、私たちの心を躍動させる。アーケードに配された一見すると用途不明な天蓋や装飾、あるいは私たちを奥へと導くように配置された燈籠や鳥居など、それぞれが奏でるリズムにのってまちを歩けば、同じように軽やかな気分で散策できるかもしれない。

1-大阪府大阪市｜天神橋筋商店街　2-静岡県下田市　3-鳥取県八頭郡八頭町　4-島根県隠岐郡海士町｜海士町立海士小学校　5-山口県周南市　6-島根県隠岐郡海士町　7-愛媛県今治市｜今治市しまなみふれあい交流館　8-鳥取県倉吉市｜弁天参道　9-愛知県蒲郡市｜八百富神社

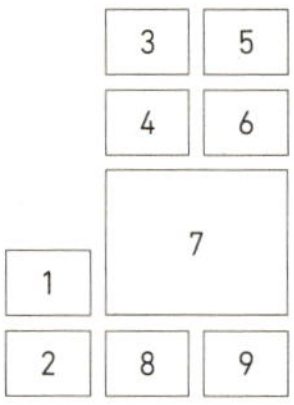

a-並べ方

6 整列する

大きさの異なるものが、それぞれ適当に間隔を取りながら並んでいる。「適当に」というのもまた曖昧な表現かもしれないが、隣り合うもの同士が窮屈な感じにならないよう、お互いの大きさを推し量りながら譲り合い、絶妙な余裕を確保しているようだ。隣の人が出し入れしやすいように自転車を駐輪したり、駅のホームでは不快に感じない程度にパーソナル・スペースを確保するために間隔を空けて並んだりと、俯瞰してみれば、その人独特の配慮やバランス感覚が形となって表れているように見える。その意味のなさそうで意味のあるパターンに、私たちは秩序の始まりのようなものを感じる。

1-東京都墨田区 2-京都府与謝郡伊根町 3-東京都青梅市｜御岳登山鉄道滝本駅 4-石川県七尾市 5-大阪府大阪市 6-愛媛県松山市｜松山大学

022
023

7 まちのギャラリー

ガラス窓に沿って、ものがきれいに整えて並べられている。窓辺に並んだものたちは、外から見られていることを意識しているかのように、「見て、見て」と言わんばかりに胸を張ってよそ行きの姿を見せている。余白や色合いのバランスを考えながら、ものがレイアウトされたガラス窓は、まるで小さな展示ケースのようで、道に面して小さな展覧会が開催されているみたいだ。

1-長野県松本市　2-東京都千代田区　3-島根県大田市　4-東京都世田谷区　5-石川県金沢市｜新竪町商店街　6-東京都目黒区　7-東京都千代田区　8-東京都千代田区

a-並べ方

8 向かい合わせ

向かい合わせに置かれたふたつのベンチは、そこで誰かが会話をしているような親密な雰囲気を感じさせることがある。ときには、誰も座っていないベンチ同士が会話しているかのようでもある。向かい合わせになるという行為は、相手やその距離によって楽しいものであったり、反対に緊張感をはらむものであったりするが、そうした関係はベンチ同士だけでなく、まちの中で向かい合うさまざまな要素から感じられ、そこで生きる人びとの絶妙な距離感が染み出しているようだ。家の前に置かれた趣の異なるふたつのベンチは、「ここでおしゃべりでもして休んでいきませんか」という、家の主人のおおらかな心意気をまちに表明しているようである。

1-千葉県船橋市 2-静岡県下田市 3-京都府京都市 4-秋田県北秋田市｜北秋田市鷹ノ巣駅前観光案内所 5-東京都台東区｜谷中霊園 6-大阪府大阪市｜天神橋筋商店街 7-埼玉県さいたま市 8-兵庫県姫路市 9-香川県小豆郡小豆島町 10-大阪府大阪市

9 縁取る

何もない場所でも何かが一列に並んでいれば、そこにみちが生まれる。道路に並ぶタイヤの列が歩道をつくり、防風林の中に几帳面に並べられたまつぼっくりが歩きやすいルートを指し示す。神社へ続く参道の松の木々、玄関へと導くアプローチの脇にある色とりどりの花々、水路脇の白いラインなど、みちを縁取り演出するそれらのものたちは、私たちをやさしくエスコートしてくれているようだ。

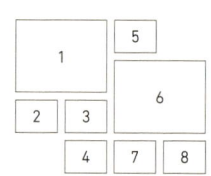

1-岩手県釜石市｜根浜海岸　2-東京都小平市　3-神奈川県横浜市　4-熊本県上益城郡山都町｜馬見原商店街　5-長崎県長崎市　6-愛知県瀬戸市｜窯垣の小径　7-熊本県熊本市｜熊本市営託麻団地　8-奈良県桜井市｜三輪山大神神社

a-並べ方

10 壁に寄り添う

人やものが、背後にある大きく広い壁にそっと寄り添って並んでいる。背後に大きな壁を背負うことで、タイヤは同じような角度を保って並ぶことができるし、人びとは安心してそこにとどまっていられるように見える。大きな壁は、そうして安らぎを求める人やものの拠りどころとなっている。さらにその大きな壁は、風景の中で人やものの背景ともなって、ささやかな安らぎの光景を1枚の絵画のように浮かび上がらせていく。たとえひとりであっても、誰かとそんなふうに1枚の背景を共有している様子に寂しさはなく、見ている方まで安らぎを感じる光景である。

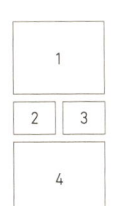

1-島根県隠岐郡海士町　2-京都府亀岡市
3-石川県輪島市　4-東京都港区｜東京藝術学舎

11 まわりの大きさと少し違う

風景は、さまざまな大きさの立体物の組み合わせでできている。隣り合うもの同士のスケールが違うというのはよくあることなのだが、そのスケールの差があまりにも違うと一瞬にして目に留まる。その光景は少しばかり日常を逸脱して見えて、ときに何かにたとえたくなるようなユーモラスさを帯びてくる。例えば、大きな屋敷林と小さな電話ボックスの取り合わせ。屋敷林は電話ボックスをやさしく抱きかかえているようであり、逆に電話ボックスは宇宙から飛来したUFOのようである。まちかどでよく見かける小さな祠も、こうしたスケールの対比が生む効果によって、ささやかながらも確かな存在感をもって私たちの目を引きつけるのだ。

1-佐賀県伊万里市　2-沖縄県宜野湾市　3-大阪府大阪市　4-宮崎県延岡市　5-京都府亀岡市　6-静岡県下田市　7-京都府与謝郡伊根町　8-新潟県上越市｜越後高田雁木通り　9-群馬県沼田市

12 平べったい

教会のカテドラルに代表されるような天井の高い空間が光に満ちた求心的な場をつくり出すとは対極的に、低く平たい空間は暗がりの中に遠心的な広がりを生み出す。また、天井が高くなるほどその下の空間はいろいろな要素をおおらかに包み込むような公共性を帯びてくるのに対して、低くなるほど覆われた空間の濃度は高まって、私的な親密さを帯びてくる。例えば、道端で開かれる日曜市などの仮設テントは、人の手が届くくらいに低い屋根をもち、そこに並べられた素朴な商品とセットになってその下に親密な雰囲気をもつ広がりを生み出している。こうしたテントのつくりによって生まれた親密な雰囲気が、溢れ出しながら公道を覆い尽くす様は圧巻だ。

13 やせている

狭い路地で人とすれ違うとき、お腹を引っ込ませ、つま先立ちになって、なるべく自分の体が薄くなるようにする。そうした気配りは、人だけに特有のものではないのかもしれない。まちの中にも、建物の隙間に設けられた鳥居、通路に置かれた自動販売機、大通りの中央に設けられた路面電車の停車場など、とにかく細く薄くなろうとがんばっているように見えるものがあることに気づく。鳥居からは「あっ、これだけ場所があれば十分です、はい。ちょっとお邪魔します」と言っているような遠慮がちな雰囲気が醸し出されているし、細長い路面電車の駅からは、「車の邪魔になってないかしら……」とまわりを気遣う声が聞こえてきそうだ。そんな慎ましさをもちながらも凛と立つその姿を、自然と応援したい気分になる。

1-石川県輪島市｜輪島朝市 2-東京都小平市｜武蔵野美術大学 3-静岡県三島市｜三島神社 4-香川県香川郡直島町｜海の駅なおしま 5-高知県幡多郡黒潮町 6-島根県米子市 7-静岡県熱海市｜JR熱海駅 8-高知県高知市｜日曜市 9-高知県高知市｜日曜市 10-香川県小豆郡土庄町｜島キッチン

14 路上の懐

道路を歩いていると、少しばかり奥行きのある窪みに出合うことがある。窪みは建物と建物の間に生まれた空地だったり、その隙間に軽い屋根が架けられたもの、あるいは大きく開かれたガレージのように建物自体がくり抜かれたものなど、場所によって形はさまざまである。マーケットや神社の参道のようにパブリックな場所として利用されているものもプライベートなものもあるが、前面の道に比べて家具や植物など親密な設えがなされていることで、ついつい私たちは歩みを止めてそこに入ってみたくなる。ひとりで入り込みやすそうなそのスケール感が、なお一層その気持ちを強くするものだ。自動車などの往来に支配されがちな路上において、そこは道行く人びとにとってのささやかなオアシスのようである。

1-鳥取県鳥取市　2-長崎県佐世保市　3-長野県長野市　4-広島県広島市　5-埼玉県さいたま市　6-東京都文京区

1-東京都世田谷区　2-千葉県香取市　3-徳島県三好市　4-千葉県香取市　5-東京都中央区　6-沖縄県石垣市　7-石川県輪島市　8-神奈川県横浜市　9-石川県輪島市　10-山口県周南市　11-東京都中央区　12-京都府京都市　13-長野県長野市　14-京都府京都市　15-石川県輪島市　16-島根県米子市　17-静岡県三島市　18-京都府与謝郡伊根町

b-スケール

15 気持ち大きめ

商店の入口にかけられたビニール製の暖簾(のれん)は、奥に潜む大きな空間のボリュームを反映するようにまちの中で少し大きな要素として現れていて、その場所の存在感をまちに主張しているように見える。だらりと垂れ下がる姿は少しだらしなくも見えるが、一方で大きな包容力を感じさせるものにもなっている。その奥で日々めまぐるしく繰り広げられる商店街のにぎやかな活動をゆったりと包み込んでいるようだ。広々とした公園の中に堂々と置かれた大きなテーブルも同様に、ママ友さんたちのちょっとした井戸端会議からそれぞれの子どもを引き連れての多勢のピクニックまでも受け止められるようなおおらかさがある。まさに大が小を兼ねている。

1-石川県金沢市｜近江町市場　2-大阪府大阪市｜空堀商店街　3-東京都世田谷区｜羽根木プレーパーク　4-長野県塩尻市　5-青森県青森市｜青森県立美術館　6-長野県諏訪郡下諏訪町　7-徳島県名西郡神山町｜神山バレー・サテライトオフィス・コンプレックス　8-京都府亀岡市　9-宮崎県延岡市｜幸町商店街　10-新潟県糸魚川市｜筒石漁港

16 待ち合わせ

誰かが訪れては去ってゆく。バスの停留所や小さな駅など、何かを待つために使われる通過点としての小屋。その佇まいからは、単に待つための場所としての記憶だけでなく、誰かと待ち合わせをしたり、あるいは思いがけず出会ったりといった、ここで繰り広げられたであろうさまざまな出会いや別れが想像できる。まるで小屋自体がそんな出会いと別れを待っているようにも見える。誰かが必ず訪れるという約束が、その小屋をそこにずっととどめているかのようだ。小屋はその場にじっと佇み、今日もまたのんびりと新たな出会いを待ち続けている。

1-大分県佐伯市｜宗太郎駅　2-岩手県陸前高田市　3-岩手県陸前高田市　4-徳島県勝浦郡上勝町　5-群馬県利根郡みなかみ町　6-島根県隠岐郡海士町　7-鳥取県岩美郡岩美町　8-宮崎県延岡市　9-京都府与謝郡伊根町

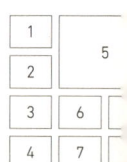

c-そっとおいてみると

17 小屋

私たちのまわりにはさまざまな小屋がある。それらはどれも似ているようでひとつとして同じものはなく、持ち主の個性や使い方を如実に表している。さまざまな目的に応じて選ばれた形や素材は、木であったりトタン板であったり、コンクリートやスチール、プラスチック、あるいは輸送用のコンテナを利用したものであったりと、実に多様であるが、一方でどれも合理的に選択された印象を帯びており、それがひとつの共通のムードをつくっている。仮設用に考案されたテントも、一種の小屋と呼べるかもしれない。郊外の戸建住宅などが風景を画一的で平坦にしてしまうことに対して、使われ方も見た目もオリジナリティに溢れた小屋は、風景に生気を与える頼もしい存在だ。

c-そっとおいてみると

036
037

1-石川県輪島市 2-東京都世田谷区｜羽根木プレーパーク 3-石川県輪島市 4-鳥取県八頭郡八頭町 5-愛媛県今治市｜旧大三島小学 6-熊本県八代市 7-鳥取県岩美郡岩美町 8-東京都台東区 9-秋田県秋田市｜千秋公園 10-岐阜県高山市 11-静岡県伊東市 12-岩手県遠野市 13-岩手県遠野市 14-鳥取県岩美郡岩美町 15-島根県仁多郡奥出雲町 16-鳥取県鳥取市 17-神奈川県横浜市 18-京都府亀岡市 19-宮崎県延岡市 20-島根県仁多郡奥出雲町 21-京都府亀岡市 22-兵庫県洲本市 23-鳥取県仁多郡奥出雲町 24-石川県輪島市 25-島根県仁多郡奥出雲町 26-島根県仁多郡奥出雲町 27-岩手県遠野市 28-島根県仁多郡奥出雲町 29-香川県小豆郡土庄町 30-愛媛県今治市 31-群馬県沼田市 32-群馬県沼田市 33-鳥取県八頭郡八頭町 34-鳥取県岩美郡岩美町 35-岩手県遠野市 36-愛媛県今治市 37-青森県五所川原市 38-鳥取県米子市 39-京都府与謝郡伊根町 40-福島県大沼郡金山町 41-京都府亀岡市

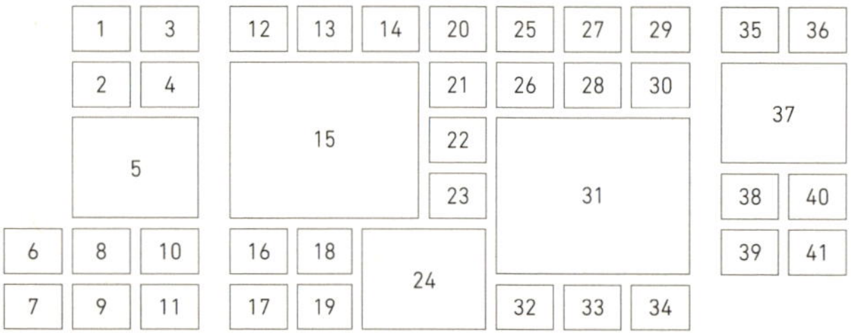

c-そっとおいてみると

18 ボロ小屋

なんてワイルドなんだろう。ボロボロになりながらもなんとか建っている小屋から感じるのは、波瀾万丈なのかもしれない、それぞれの小屋が積み重ねてきた歴史だ。その時々に継ぎ足されたであろう部材や試行錯誤の結果にできた繋ぎ目に、ひとつひとつの時間がとても生々しく表れている。そこに小屋の持ち主によるはっとするような工夫を見つけては、その人の人生すら想像してしまい、ときにとても愛おしい。理路整然とつくったものでは決して生まれない魅力が、それらの小屋には備わっている。

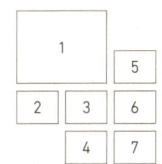

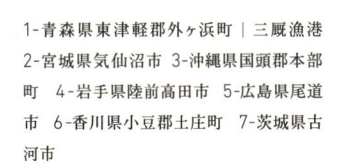

1-青森県東津軽郡外ヶ浜町｜三厩漁港 2-宮城県気仙沼市 3-沖縄県国頭郡本部町 4-岩手県陸前高田市 5-広島県尾道市 6-香川県小豆郡土庄町 7-茨城県古河市

19 ポツンと商売

宝くじ売り場などに代表される、駅や広場にポツンと置かれている小さな商店。ささやかながらも独特の存在感を醸し出している理由は、まちの死角ともいえるような場所を見出して、うまく店を周囲になじませているからだろうか。店主の嗅覚で見出された敷地は、小さな隙間であったり、あるいはごくありふれたオープンスペースであったりするが、店のスケール感や設えはその場所のコンテクストに見事にはまっている。そうした一見なんてこともない場所を、ビジネスチャンスに溢れた場所として利用しようという心意気もまた粋だ。建物を建てるというよりも、まるで動物が巣をつくるように、小さな空間が構築されている。

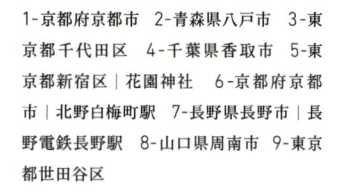

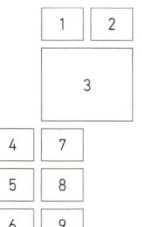

1-京都府京都市　2-青森県八戸市　3-東京都千代田区　4-千葉県香取市　5-東京都新宿区｜花園神社　6-京都府京都市｜北野白梅町駅　7-長野県長野市｜長野電鉄長野駅　8-山口県周南市　9-東京都世田谷区

c-そっとおいてみると

20 聖ナル

祠のようなものがあると、あたりに人影がなくても、誰ともなしに見守られているような気がする。通りがかりの人にとっては道標ぐらいにしかならないかもしれないが、地域の人びとにとっては信仰の対象として大切な存在であるその小さな聖なるもののやさしい佇まいは「道中気をつけなさいよ」と微笑みかけてくれているようであり、ホッとさせてくれるものだ。人通りの少ない所にあるものでも、お供え物がしてあったり、お賽銭が投げ入れられていたり、手入れが行き届いていたりと、そこに生きる人の気配を淡く感じさせ、誰に会わずとも誰かと会ったような、そんな不思議な出会いの感情を抱かせるものでもある。道行く人の拠りどころとなる小さな建築のタイポロジーがそこにはある。

c-そっとおいてみると

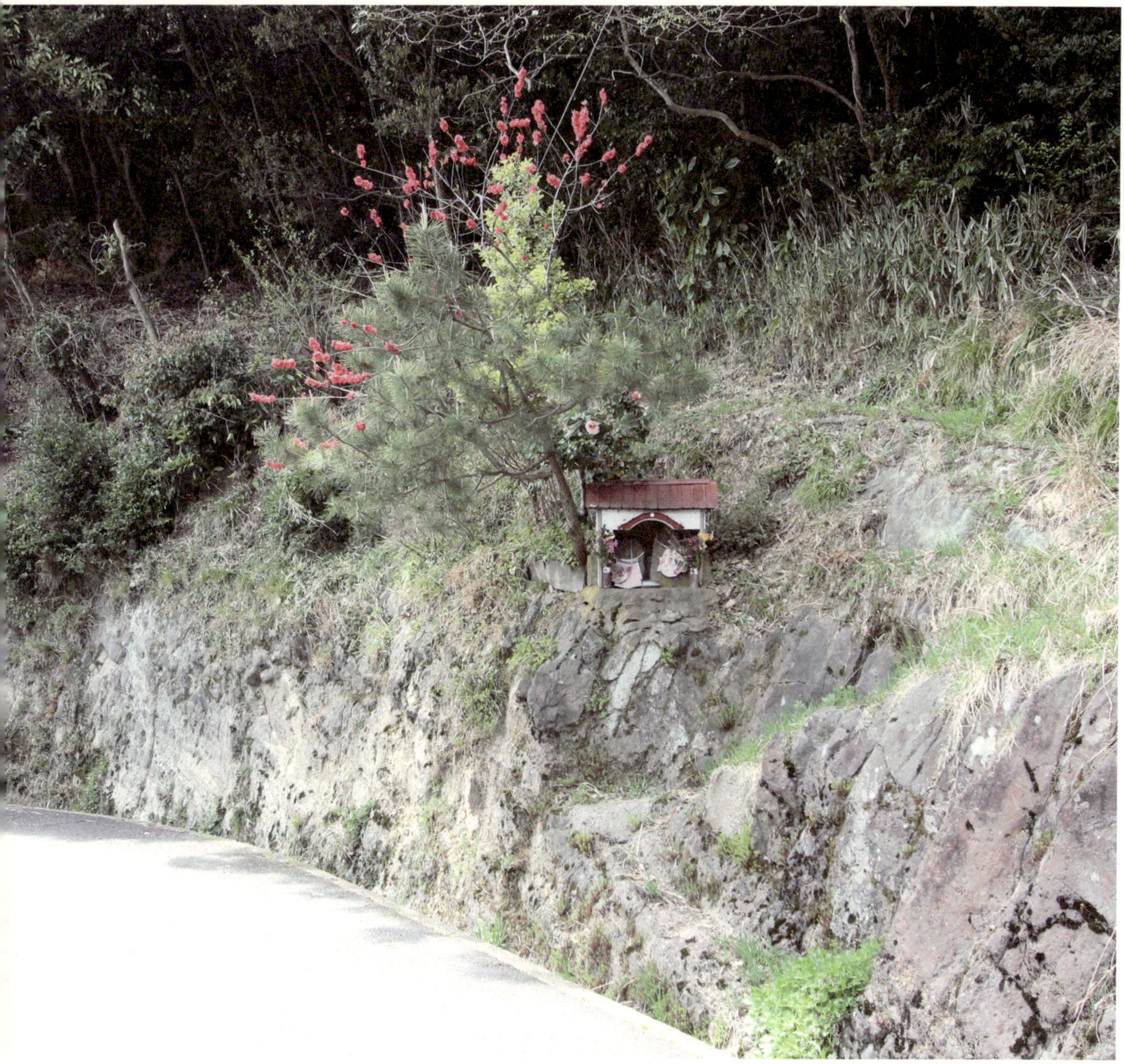

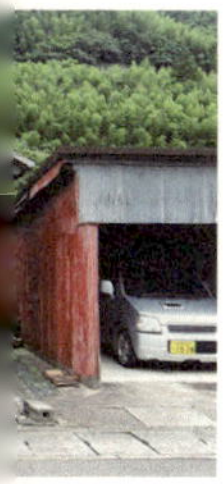

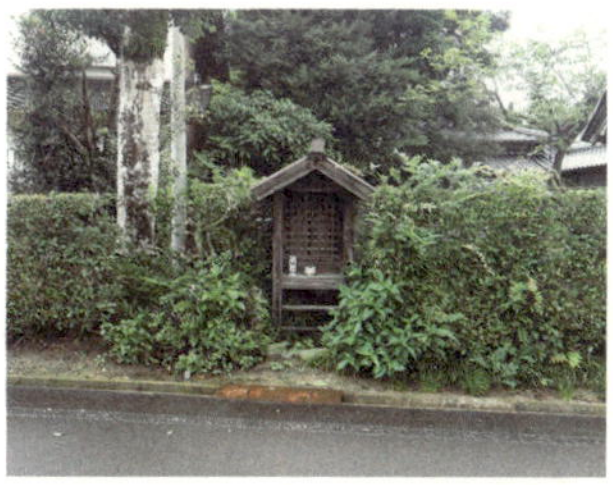

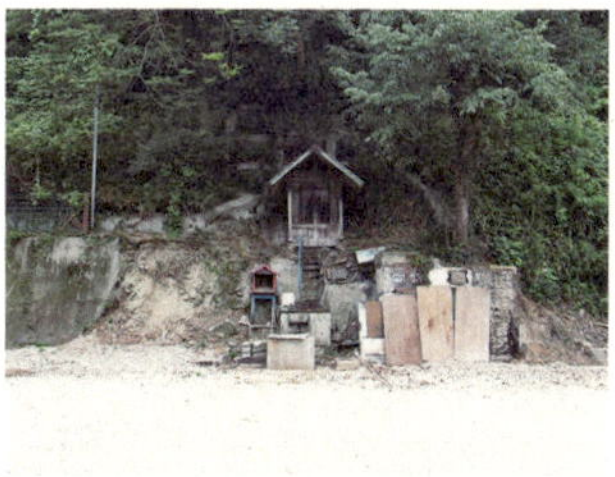

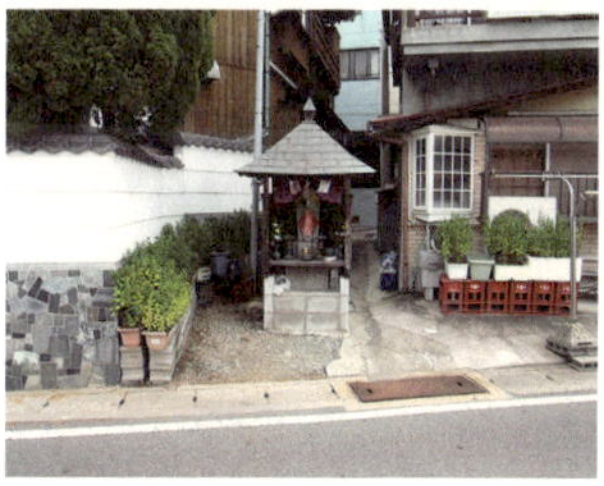

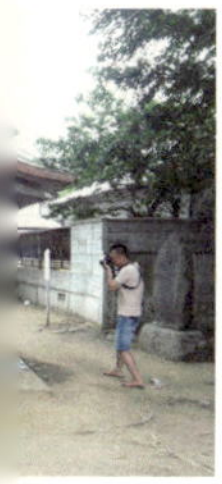

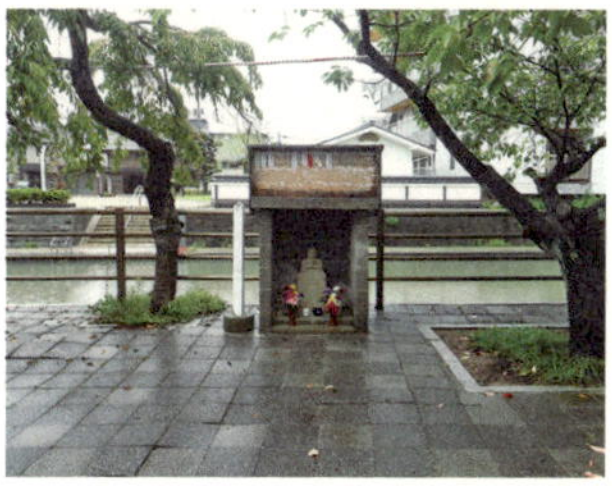

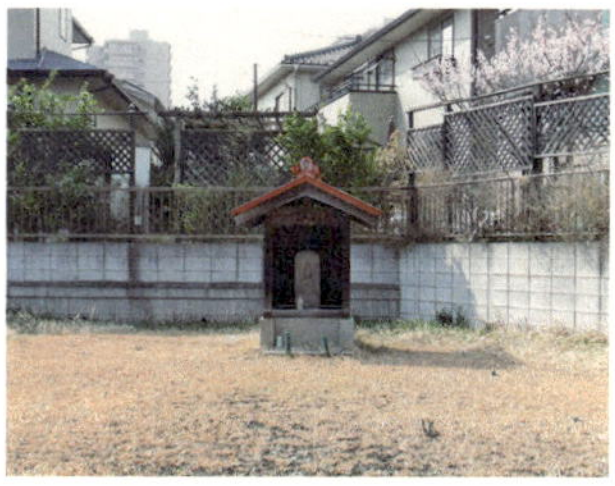

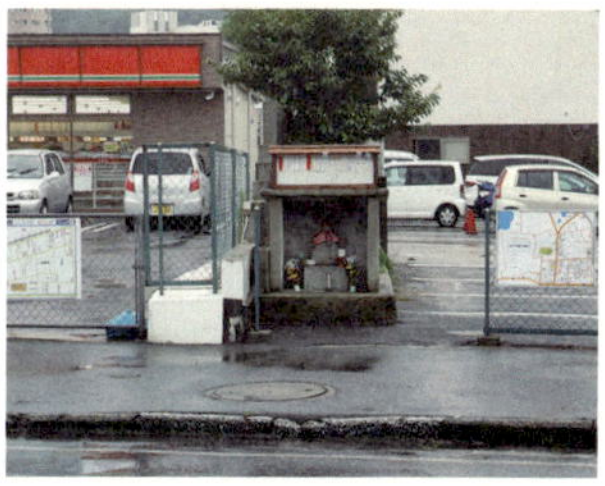

21 Y字路に立つ

Y字路の分岐点にある鋭角の土地は、いわゆる「ヘタ地」のひとつであり、その合理的な活用が難しいものである。それでいて、都市の空間構成の中でどうしても人目を引く場所でもあるため、その土地の利用のされ方が気になってしまう場所でもある。そのような場所に小さな祠（ほこら）や屋敷の門を設けたり、大きな1本の樹木を植えるようなケースは、小さな要素をそっと置くことで土地の有効活用という課題をうまく解きながら、その場所のもつ象徴性を引き出しているような例として、私たちの目をさらに引きつける。活用が難しい場所であるからこそ、人びとの工夫や知恵が、本来土地がもつ価値以上のさらなる魅力を生み出している。

1-東京都目黒区 2-島根県大田市 3-岩手県遠野市 4-京都府京都市 5-沖縄県国頭郡国頭村 6-宮崎県延岡市｜山下新天街 7-新潟県新潟市｜上古町商店街 8-京都府京都市 9-京都府京都市 10-島根県隠岐郡海士町 11-岐阜県郡上市 12-東京都台東区 13-福岡県柳川市 14-秋田県にかほ市 15-静岡県三島市 16-香川県香川郡直島町 17-沖縄県那覇市 18-島根県出雲市 19-京都府京都市 20-熊本県上益城郡山都町 21-島根県隠岐郡海士町 22-群馬県桐生市 23-福岡県柳川市 24-石川県輪島市 25-京都府京都市 26-島根県隠岐郡海士 27-徳島県三好市 28-京都府与謝郡伊根町 29-島根県鹿足郡津和野町 30-千葉県香取市｜八坂神社 31-島根県出雲市 32-島根県米子市 33-兵庫県姫路市 34-千葉県八千代市 35-兵庫県姫路市 36-島根県米子市

22 隠れた水

周囲にバケツや柄杓（ひしゃく）などがなにげなく置かれ、そのまわりにはバシャバシャと勢いよく利用されたことを思わせる水染みが残っている。そんな日常的に使われているような井戸や湧き水を見つけると、そのまちに住んでいる人びとのことをついうらやましく感じてしまう。水が地域の人びとをその場所に繋ぎとめ、また地域の人びともその水を大切にする。そうした水に支えられた地域のゆたかさが、その光景に定着しているからだろうか。同じように防火用水の取り出し口や水溜め用のドラム缶なども、地域の皆で火事に対して備えようという結束力を表しているようでホッとする。たとえ水そのものが見えなくても、そうした要素が風景の中にあることで、ゆたかな生活の一断片を思い起こさせてくれるのである。

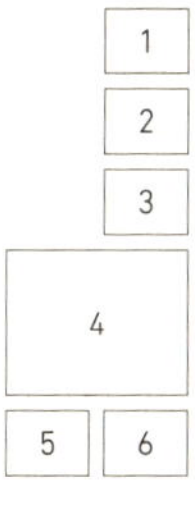

```
 1
 2
 3
 4
5 6
```

1-東京都台東区　2-石川県輪島市　3-静岡県伊東市　4-大阪府大阪市　5-東京都世田谷区　6-沖縄県那覇市

c-そっとおいてみると

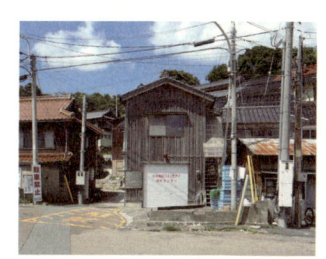

1-東京都墨田区　2-静岡県三島市　3-沖縄県八重山郡竹富町　4-石川県輪島市　5-島根県大田市　6-東京都北区　7-東京都墨田区　8-広島県尾道市　9-熊本県上益城郡山都町　10-静岡県三島市　11-千葉県香取市　12-岩手県遠野市　13-長野県諏訪市　14-岐阜県郡上市　15-長野県諏訪市　16-石川県珠洲市　17-石川県輪島市　18-長野県諏訪市｜上諏訪駅　19-岐阜県郡上市｜郡上八幡旧庁舎記念館　20-東京都葛飾区　21-東京都墨田区　22-長野県佐久市｜旧中込学校　23-島根県大田市　24-神奈川県横浜市　25-神奈川県横浜市　26-島根県大田市　27-山形県酒田市　28-徳島県名西郡神山町　29-島根県大田市　30-石川県七尾市

23 動物との知恵くらべ

のら猫やカラス、ハト、ネズミ、害虫などに出合うたび、都市部にも「自然」があることを思い知る。それらと戦うための手立てとして、古くは田畑を守るカカシから現代は猫避けのペットボトルやカラス避けのカラフルなネットまでさまざまなものが考案されてきたが、それらは今も昔も生活の中で風景の一部として溶け込んでいる。ゴミ置場では市民とカラスとの格闘があり、端から見るとユーモラスとも取れる人間と動物の知恵くらべが繰り返されている。共通の敵の存在は、不思議と地域や共同体の結束力を強くすることもあるだろう。風景の中にあるこうした「動物との知恵くらべ」は、そんな人間と動物の日々の関わり合いを表している。

1-熊本県熊本市　2-鳥取県鳥取市　3-徳島県徳島市　4-群馬県桐生市　5-奈良県奈良市

C-そっとおいてみると

24 ひとりでがんばる

電話ボックスや郵便ポスト、防災用ホースの格納庫などは、社会生活のインフラを構成するピースである。それらは小さな装置として、あるいはインフラのアウトレットとしてまちの至る所に分散配置され、たいていはぽつんと立っている。私たちの安全性や利便性を支えるこれらのものは、ひとりで地道に職務を全うしているように見え、その姿はちょっと寂しげでありながら、頼もしくもある。

C-そっとおいてみると

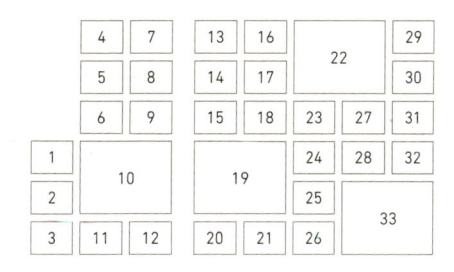

		4	7	13	16	22		29
		5	8	14	17			30
		6	9	15	18	23	27	31
1		10		19		24	28	32
2						25		33
3	11	12		20	21	26		

1-島根県隠岐郡海士町　2-鳥取県鳥取市　3-鳥取県八頭郡八頭町　4-鳥取県八頭郡八頭町　5-鳥取県倉吉市　6-新潟県魚沼市　7-兵庫県姫路市　8-沖縄県八重山郡竹富町　9-長野県下高井郡野沢温泉村　10-鳥取県八頭郡八頭町　11-鳥取県八頭郡若桜町　12-鳥取県八頭郡八頭町　13-沖縄県国頭郡恩納村　14-高知県幡多郡黒潮町　15-島根県隠岐郡海士町　16-鳥取県岩美郡岩美町　17-新潟県魚沼市　18-島根県隠岐郡海士町　19-徳島県鳴門市　20-鳥取県八頭郡若桜町　21-香川県小豆郡小豆島町｜福武ハウス　22-鳥取県八頭郡八頭町　23-宮城県気仙沼市｜気仙沼 あそびーばー　24-鳥取県八頭郡八頭町　25-岩手県上閉伊郡大槌町｜森の図書館　26-山形県酒田市　27-宮城県気仙沼市　28-長野県上田市　29-島根県隠岐郡海士町　30-香川県小豆郡土庄町　31-鳥取県岩美郡岩美町　32-愛知県名古屋市｜熱田神宮　33-島根県隠岐郡海士町

25 とりあえず椅子

とりあえず椅子を置けば、そこはくつろぎの場所になる。また椅子の数やデザイン、置かれ方からは、どのようなくつろぎ方をしているのかも察しがついてしまう。例えば、漁師小屋にさりげなくひとつだけ置かれた椅子は、明るい外に向かって置かれているので気分転換にタバコを吸う場所だろうなどと想像できる。歩道に置かれた洋風のガーデンセットは、目の前のブティックのママさんがお客さんとおしゃべりする場として使っているのだろうか。広場に沢山の椅子が置いてあれば、何かの集まりに使ってよいというサインになるだろう。とりあえず椅子があれば、その場は憩うための場所になる。

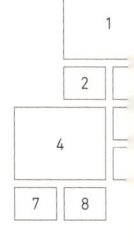

1-東京都台東区　2-山口県周南市　3-新潟県糸魚川市｜筒石漁港　4-東京都中央区　5-山口県周南市　6-石川県金沢市　7-静岡県伊東市　8-群馬県桐生市

C-そっとおいてみると

26 とりあえずベンチ

配置の吟味や背景の建物との調和はひとまず気にせずに、とりあえずそっとベンチが置かれている。日本中に溢れているそんな風景からは、さまざまなメッセージを受け取ることができる。木の下に置かれたベンチは、「ここは涼しくて気持ちいいよ」と言っているようだし、店の前や駅のベンチは「しばらく座って待っていてね」と、気遣いの声をかけてきそうだ。そっと置かれたベンチは、そこでの会話や人との出会いを感じさせ、出来事のきっかけとしてまちに現れる。

c-そっとおいてみると

1-石川県金沢市 2-愛媛県松山市｜鉄砲町駅 3-長野県下高井郡山ノ内町 4-長野県長野市 5-徳島県徳島市 6-沖縄県国頭郡国頭村 7-石川県輪島市 8-岩手県遠野市 9-兵庫県姫路市 10-長野県上高井郡小布施町 11-島根県出雲市｜石橋酒蔵 12-香川県小豆郡土庄町 13-徳島県名西郡神山町 14-徳島県名西郡神山町 15-香川県香川郡直島町 16-静岡県伊豆市｜浄蓮の滝 17-徳島県鳴門市 18-徳島県鳴門市 19-兵庫県洲本市 20-京都府与謝郡伊根町 21-島根県大田市 22-島根県鹿足郡津和野町 23-香川県香川郡直島町 24-山口県周南市 25-兵庫県姫路市 26-東京都渋谷区｜みやしたこうえん 27-沖縄県八重山郡竹富町 28-長野県佐久市 29-香川県香川郡直島町 30-香川県小豆郡土庄町 31-長崎県西海市 32-徳島県名西郡神山町 33-徳島県三好市 34-新潟県新潟市

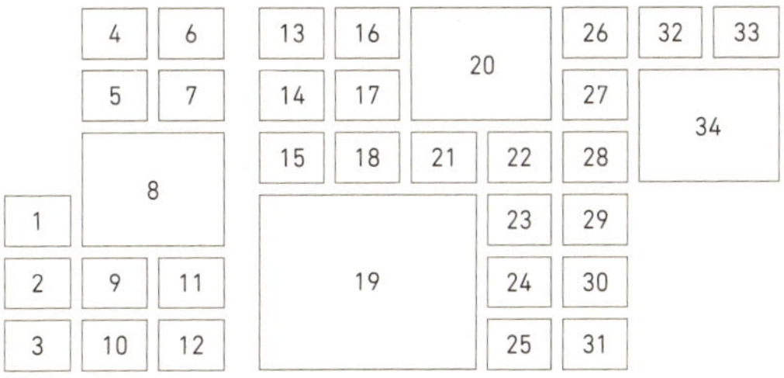

27 ズッコケ三人組

ちょっとした個性のあるものたちが、友達同士のように一緒に並んでいる。ひとつひとつはありふれたベンチや何の変哲もないゴミ箱なのに、集まった途端になかなか気の効いたグループになる。バラバラに見えていても、素材がプラスチックだったり、椅子の集まりだったり、どれも色あせていたり、年代の感じが似ていたりと、微かな共通点がグループとしてのまとまりを生んでいる。ノッポとチビ、センターとバックダンサー、かわいい系とかっこいい系の組み合わせなど、その大きさや色、配置によって、擬人化したくなるような関係性が見えてくる。

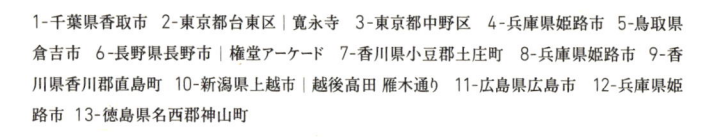

1-千葉県香取市　2-東京都台東区｜寛永寺　3-東京都中野区　4-兵庫県姫路市　5-鳥取県倉吉市　6-長野県長野市｜権堂アーケード　7-香川県小豆郡土庄町　8-兵庫県姫路市　9-香川県香川郡直島町　10-新潟県上越市｜越後高田 雁木通り　11-広島県広島市　12-兵庫県姫路市　13-徳島県名西郡神山町

d-集まり方

28 距離のあるカップル

カップルは、互いにどこか似ている。ちょっと喧嘩して微妙な距離感を取っていても、長く連れ添ううちに同じ雰囲気を帯びたふたりの親密さは、なんとなくわかるものだ。色違いの椅子、同じ赤色の郵便ポストや公衆電話など、同じ形や色をしたもの同士が、なんとも言えない距離で並んでいると、カップルのように見えてくる。くっつきすぎず離れすぎず、その距離感はそれぞれの事情によってさまざまにある。それでも、ひとりぼっちであるよりふたつである方が魅力的に見えるのが、カップルのいいところだ。

1-広島県尾道市　2-鳥取県八頭郡八頭町　3-鳥取県岩美郡岩美町　4-徳島県徳島市　5-新潟県十日町市｜十日町駅　6-新潟県上越市｜高田駅　7-石川県輪島市｜輪島朝市　8-京都府亀岡市｜みずのき美術館　9-島根県大田市　10-愛媛県松山市｜大街道　11-佐賀県佐賀市　12-神奈川県横浜市　13-鳥取県鳥取市｜栗渓神社　14-岩手県遠野市

d-集まり方

29 双子

まったく同じものがふたつ並んでいれば、それは「双子」と言うことができるだろう。顔立ちのそっくりな双子が歩いていれば人目を引くように、心理学的に同種のふたつのものはまとまりとして知覚されやすいといわれている。電話ボックスや駐輪場の小屋、ベンチと机のセット、ゴミ箱など、様相を同じくするふたつのものが並ぶことで、多様なものが織り交ざる風景の中でもその存在は色濃く認識される。それらは「距離のあるカップル」(p.57)よりも仲睦まじく寄り添っていて、実際の双子に対してもつような微笑ましい感情を抱かずにはいられない。

30 三つ子

同種のまとまりが三つになれば、それは「三つ子」である。「双子」(p.59)に対して、三つ子は統一性や全体性がより色濃く見えてくる。例えば通りに並ぶ店の構えの場合、もし同じような構えがふたつ並んでいればそれぞれの差異が目についてくるものであるが、三つ並んでいることでそれぞれの違いよりもまずまとまりとして統一されたその全体が風景の中に浮かび上がってくる。そのことで逆に、それぞれにある差異というものに対して私たちの目はどこか寛容になり、その微妙な違いに愛らしさやかわいらしさを感じてしまう。個が個として認識されるか、それとも群として意味をもつかの境界が、双子と三つ子の間にはあるのではないだろうか。

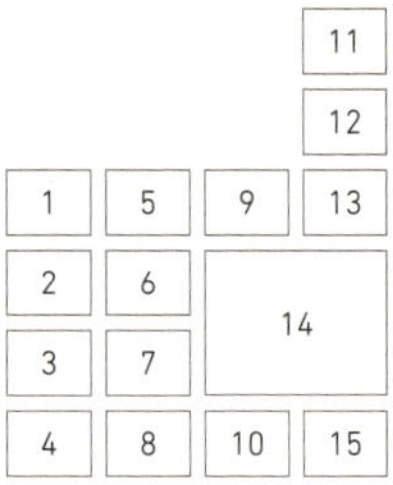

1-香川県香川郡直島町 2-島根県大田市｜大田市駅 3-島根県大田市 4-青森県東津軽郡外ヶ浜町｜三厩漁港 5-長崎県佐世保市｜さるくシティ403アーケード 6-島根県隠岐郡海士町 7-東京都目黒区 8-沖縄県八重山郡竹富町 9-長崎県佐世保市｜さるくシティ403アーケード 10-岩手県陸前高田市 11-佐賀県伊万里市 12-群馬県沼田市 13-島根県鹿足郡津和野町 14-島根県隠岐郡海士町 15-岐阜県高山市

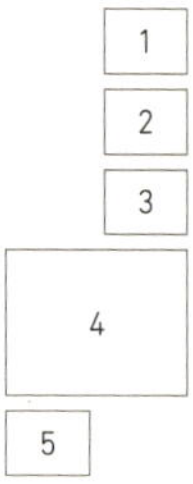

1-香川県小豆郡小豆島町｜ei CAFE 2-石川県金沢市 3-長野県長野市 4-鳥取県岩美郡岩美町 5-鳥取県八頭郡若桜町

d-集まり方

31 親子

同種のふたつのまとまりに大小のスケールの違いがあるものは、「親子」と呼べないか。大きいものと小さいものが並ぶ関係は、道具としての機能的な使い分けから生まれているようだが、面白いことに双子や三つ子と同様、自然と擬人的様相を帯びてしまう。親子の擬人化は、双子や三つ子に比べてさらにポエティックだ。単体では当たり前の大きさとして認知していたものが、さらにより大きな同種のものと並列されることで急にかわいらしさを帯びたり、逆に大きい方が（実際はそれほど大きくなくても）堂々としているように見えたりする。スケールの関係によって、価値の転換がここに起きている。

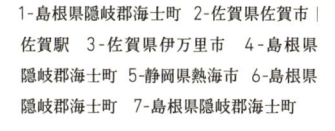

1-島根県隠岐郡海士町 2-佐賀県佐賀市 | 佐賀駅 3-佐賀県伊万里市 4-島根県隠岐郡海士町 5-静岡県熱海市 6-島根県隠岐郡海士町 7-島根県隠岐郡海士町

32 ファミリー

大・中・小と横並びになっている船や車庫の中の車、切妻屋根の住宅や倉や東屋、これらがなんだか家族のように見えてしまうのはなぜだろう。それぞれに違うものでありながら、同じ構法や特性をもっているからだろうか。単体で見ればなんの変哲もない乗りものや建物の集まりも、大きさの違いをもって横並びになった途端に、ちょっとした家族の集合写真のように見えてくる。そのようなふとした錯覚が、風景に和やかな印象を抱かせる。

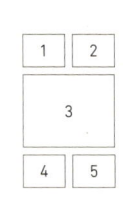

1-石川県輪島市　2-鳥取県岩美郡岩美町
3-石川県輪島市　4-京都府与謝郡伊根町
5-高知県高知市｜薬工ミュージアム

d-集まり方

33 似たものの集まり

似たものがたくさん集まることでかなりの迫力が生まれ、単体である時にはなかった意味を醸し出すことがある。例えば、いっぱいになったゴミ袋が積み重なった光景を見ると、看板が無くてもその場所がゴミ捨て場であることが認識できたり、手づくりのこけしが並んでいる光景を見れば、その場所がワークショップなどが行われる場だということが想像できたりする。「類は友を呼ぶ」というのは本当のようで、ふとしたきっかけで似たものが集まると、さらにそれに引っ張られるようにして、また似たものが集まってくるようだ。そうした効果を利用したのだろうか、ボタン好きを呼び寄せようとファサードをボタンでいっぱいに埋め尽くしたボタン屋さんの巧みな業（わざ）は人を引きつけるようだ。

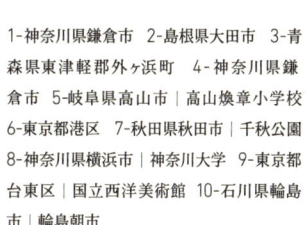

1-神奈川県鎌倉市 2-島根県大田市 3-青森県東津軽郡外ヶ浜町 4-神奈川県鎌倉市 5-岐阜県高山市｜高山煥章小学校 6-東京都港区 7-秋田県秋田市｜千秋公園 8-神奈川県横浜市｜神奈川大学 9-東京都台東区｜国立西洋美術館 10-石川県輪島市｜輪島朝市

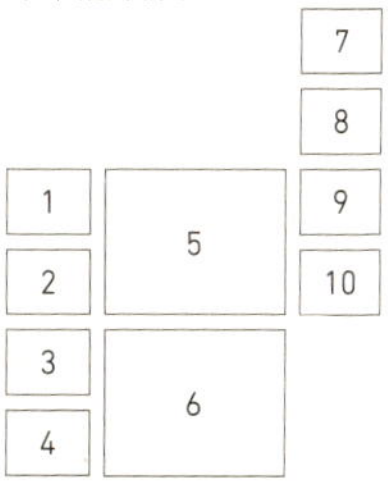

34 類似と差異

町家のまち並みを眺めてみると、平入りや格子といった構えの形式を共有することでそれぞれが同じように見えながらも、その設えの微妙な改変やプロポーションの違いによって、ひとつとして同じものがないことに気づく。このように類似と差異が連動することによって、統一感がありつつも退屈でなく、動きのある生き生きとしたまち並みが生まれている。これは伝統的なまち並みに限ったことではないようで、例えば高知市の「日曜市」では、同じような素材を用いたテントが軒を連ねつつ、その下ではさまざまな商品が展開されることでにぎやかさが生まれている。また金沢の商店街では、それぞれの建物の庇がいろいろな高さや奥行きで張り出すことで、まるで建物同士が通りを挟んで会話を楽しんでいるようである。

35 集まってくる

まちのふとした場所に、人やものの集まりを見つけることがある。その人たちはどこからともなく現れ、ものは同じ場所にまとめられ、自然と集合するようだ。犬の散歩をしている人たちの立ち話や井戸端会議をしているおばあさんたちなど、どこか似ている者同士が集まって小さなまとまりをつくっていることもある。こうした様子を眺めていると、人やものの集まりがまるで草や木が集まって生えるのと同じ自然現象のように見えてくる。それは風景のどんな要素よりも目を引くものだ。

d-集まり方

1-高知県高知市｜日曜市　2-東京都新宿区｜花園神社　3-京都府京都市　4-東京都台東区　5-石川県金沢市　6-石川県金沢市｜近江町市場　7-沖縄県那覇市｜市場本通り

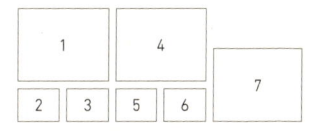

1-群馬県沼田市｜沼須人形稽古場 薪水書窓庵　2-鳥取県岩美郡岩美町｜田後港　3-熊本県上益城郡山都町｜馬見原商店街　4-千葉県木更津市｜海ほたるパーキングエリア　5-千葉県習志野市　6-石川県珠洲市　7-東京都台東区｜東京藝術大学

36 ぎゅっ

まるで磁石で吸い寄せられたかのように、何かが「ぎゅっ」と集まっている。人がそんなふうに集まっているのはもちろんのこと、手頃なスケールの空き地にぽつんと置かれた植木鉢やゴミ袋の集まりも、あたかも自分たちで集まってきたかのようで、耳をすませばにぎやかな話し声が聞こえてきそうな穏やかな熱気を帯びている。その何かが例えばスリッパやトマトのようにひとつひとつは小さなものであっても、ぎゅっと集まることで別のひとつの大きなかたまりのように見えてきて、風景の中で強い力を放つものになる。その力は人の目を引きつける引力のようで、ときに私たちのハートまでぎゅっと鷲づかみにしてしまうほどである。

d-集まり方

1-神奈川県鎌倉市｜鎌倉市農協連即売所　2-青森県東津軽郡外ヶ浜町｜三厩漁港　3-東京都台東区　4-京都府京都市　5-鳥取県倉吉市　6-鳥取県八頭郡若桜町｜西方寺　7-新潟県新潟市　8-石川県輪島市｜輪島朝市　9-宮城県気仙沼市｜蔵内歌生漁港　10-長崎県雲仙市　11-沖縄県那覇市｜沖縄ホテル　12-兵庫県洲本市　13-岩手県陸前高田市　14-島根県出雲市｜旧大社駅　15-岐阜県郡上市八幡町　16-高知県高知市　17-東京都世田谷区｜羽根木公園　18-香川県小豆郡土庄町　19-新潟県上越市｜直江津駅　20-熊本県上益城郡山都町

37 島のような

何の取っかかりもない広々とした場所に柔らかな曲線で形づくられた島のようなものがぽつんと置かれることで、人や車の新しい流れが生まれている。その「島」は例えば、集められた落ち葉のまとまりや駅前のロータリーの真ん中の植込みだったり、もちろん湖に浮かぶ島そのものもそうだ。人も車も水も、それを避けるように流れていく。その流れはある1本の線形に制約されず、速度によって曲率やライン取りもさまざまである。みちそのものをつくるのではなく、たっぷりとした空間の中に「島」を置くこと。流れそのものを生み出す、もうひとつのみちのつくり方である。

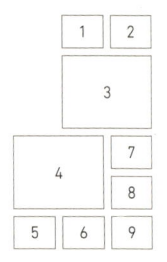

d-集まり方

38 積み上げる

ビールケースやコンテナなどスタッキング用の製品を積み上げることは、多分に「やる気」を喚起するものなのだろう。それらがきれいに積み上げられている様子に、積んだ人の心意気が感じられる。たとえスタッキングを前提にしていないものでも、積み上げたくなる欲望を刺激するものもあるようだ。例えば、校庭に積まれたタイヤ。遊具として使うために積まれたものだが、積むという行為そのものも楽しんだ様子が感じられる。また、ピラミッド状に積み上げられた漁業用の球形の浮きなども、必然性よりは快楽性を強く感じる。

1-埼玉県さいたま市｜氷川神社 2-青森県むつ市｜恐山菩提寺 3-東京都渋谷区｜明治神宮 4-埼玉県所沢市｜小手指駅 5-石川県金沢市｜金沢21世紀美術館 6-佐賀県伊万里市 7-岩手県北上市｜北上市文化交流センターさくらホール 8-奈良県奈良市｜興福寺 9-島根県大田市

d-集まり方

1-広島県尾道市　2-佐賀県伊万里市　3-鳥取県八頭郡八頭町　4-千葉県香取市　5-鳥取県八頭郡八頭町　6-鳥取県鳥取市　7-徳島県勝浦郡上勝町｜日比ヶ谷ゴミステーション　8-青森県東津軽郡外ヶ浜町｜蟹田漁港　9-島根県出雲市　10-島根県大田市　11-島根県出雲市　12-青森県東津軽郡外ヶ浜町｜蟹田漁港　13-鳥取県鳥取市　14-島根県大田市　15-島根県隠岐郡海士町　16-沖縄県宜野湾市｜D&DEPARTMENT OKINAWA by OKINAWA STANDARD　17-鳥取県鳥取市　18-愛媛県喜多郡内子町｜内子フレッシュパークからり　19-徳島県鳴門市｜徳島市中央卸売市場　20-新潟県新潟市｜本町市場　21-京都府亀岡市

39 収まっている

片付けをしていたら、収納スペースにものがびっくりするほどピッタリ収まった、なんて経験はないだろうか。人は収めるものと収められる場所の特徴を読み取り、それらを上手にブリコラージュする能力が備わっているのかもしれない。例えば、線路沿いの点検歩廊などの小さな構造物。まさかそんな使われ方をすると思ってつくられたわけではないのに、ゴミ収集用品や自転車が気持ちよく収まっている。思わず「お見事!」と声をかけたくなるそうした風景に、知恵ばかりでなくユーモアすら感じる。

1-広島県尾道市　2-東京都世田谷区　3-鳥取県岩美郡岩美町｜網代漁村　4-埼玉県さいたま市　5-東京都台東区｜上野公園　6-沖縄県名護市｜「道の駅」許田 やんばる物産センター　7-東京都武蔵野市｜井の頭公園　8-東京都渋谷区｜はるのおがわプレーパーク

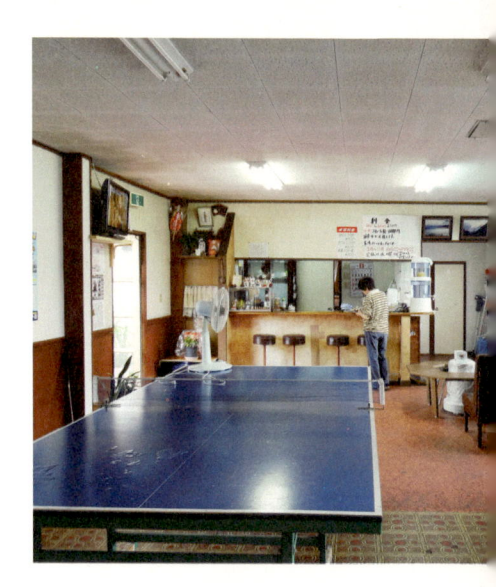

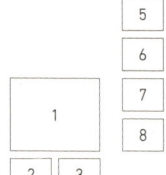

d-集まり方

40 もののレイアウトでできている

ものの置き方次第で、空間に動きが加わる。露店を連ねることでがらんとした空間に流動性が生まれ、どんどん歩きたくなる場所になったり、ソファを壁際に寄せることで部屋の中心に広々としたスペースが生まれて踊り出したくなったりする。機転の効いたアイデアが、空間の意図された使われ方を逸脱して生き生きとした場所をつくり上げる。まさに、読み人知らずのデザイン。

1-高知県高知市｜日曜市 2-東京都千代田区 3-東京都新宿区｜赤城神社 4-石川県輪島市｜松原山正願寺 5-京都府亀岡市｜障害者支援施設 みずのき 6-宮崎県延岡市｜長浜バッティングセンター 7-京都府亀岡市｜みずのきカフェ 8-東京都世田谷区 9-大阪府大阪市｜名村造船所跡地 クリエイティブセンター大阪 10-神奈川県横浜市 11-山口県周南市 12-静岡県下田市｜道の駅 開国下田みなと 13-千葉県八千代市

41 散らばっている

広々とした空間に、まるで誰かが上からパラパラとふりまいたように、ものがそれぞれ微妙な間隔を取りながら散らばって置かれている。広い部屋の中の机やゆったりとした駐輪場に置かれた自転車、大きな机の上の文房具などのそうした配置に、「いい加減でいいや」と自由を楽しんでいるような、持ち主の気ままなふるまいが感じられる。少し位置がずれようが、ちょっと数が変わろうが全然問題ないというおおらかさもある。しかし一方でその絶妙な距離感からは、落ち葉を集めたゴミ袋の散らばりのように、広々とした空間全体を最小限の配置で統率してしまうような強さを感じることもある。広くてゆとりのある場所や空間にふさわしいもののレイアウトの方法のひとつである。

1-香川県小豆郡小豆島町｜ei CAFE　2-愛媛県松山市｜松山大学　3-山形県酒田市｜酒田魚市場　4-神奈川県横浜市｜神奈川大学　5-青森県八戸市｜八戸ポータルミュージアム はっち　6-沖縄県糸満市｜ファーマーズマーケットいとまん　7-静岡県浜松市｜浜松市鴨江別館　8-東京都新宿区｜花園神社　9-石川県金沢市｜金沢学生のまち市民交流館　10-沖縄県糸満市｜ファーマーズマーケットいとまん

e-散らばり方

42 ミックスベジタブル

風景の中の要素の配色がバランスよくぱらぱらと散在している様子を眺めていると、「特別な何かがあるわけじゃないのに、なんかいいよね」という気持ちになる。特に何かがあるわけでもないのに、なんとなく落ち着いた雰囲気を漂わすことは、「ミックスベジタブル」的な安定感にたとえられるかもしれない。ひとつひとつの色が少し派手であっても、それらの色の配分が日常の風景と似ている場合は、風景が少しぼやけてまるで画像のピクセルが粗くなっているようにも見える。

1-群馬県桐生市　2-東京都文京区｜根津神社　3-石川県金沢市　4-岩手県陸前高田市　5-島根県隠岐郡海士町　6-群馬県桐生市　7-東京都世田谷区　8-埼玉県北本市｜城ヶ谷堤　9-東京都新宿区｜花園神社　10-東京都新宿区｜花園神社

43 漂う

公園の池などで乗るボートの楽しみのひとつに、特に具体的な行き先をもたず、ただ水の上をぷかぷかと漂っていられることがある。それぞれのボートが適度な距離を保ちながらも、水面という大きな平面を共有しながら、浮力という外の力を借りて同じように佇む様子は、風景としてとても自由でニュートラルな印象を受けるものだ。平面的な広がりと絶妙な距離感のためか、広々とした芝生のところどころで人が気ままにふるまっている様子や、大きなロビーにばらまかれたソファで人が休んでいる様子も、少し引いて見てみれば、先のボートと似たような「漂い」の趣を感じさせることに気づく。こうしたつかず離れずの関係が、大きな平面を小さく波立たせている。

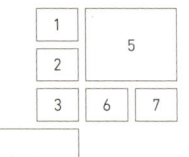

1-静岡県伊東市｜川奈ホテル　2-埼玉県南埼玉郡宮代町｜コミュニティセンター進修館　3-福岡県柳川市　4-京都府京都市｜桂川　5-奈良県奈良市　6-東京都武蔵野市｜井の頭公園　7-神奈川県横浜市

e-散らばり方

44 ごちゃごちゃにまぎれる

ごちゃごちゃしていることが、反対に居心地よく感じる場合がある。例えば、片付いていない自分の部屋で読み捨てた漫画や脱ぎ捨てた服にまみれてゴロゴロすることには、何物にも代え難いほど安らぎがある。人はそんな安らぎをまちの中にも求めているのだろうか。どうも私たちは、乱雑な空間に引きつけられるようだ。ものがめちゃくちゃに積み上がった土産物屋の店舗では、おしゃべりしているおばさんたちまでがその乱雑さの一部になっている。彼女たちのリラックスしたおしゃべりが延々と続く状況と、乱雑な空間との相性のよさは感動的なほどだ。それは、汚くても仲間たちとくつろげる部室と学生の関係を連想させる。まちかどの風景を眺めていると、人はいくつになってもごちゃごちゃした中で気ままに過ごすことを求めているのではないだろうかと感じる。

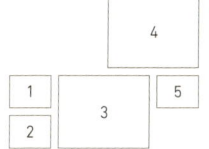

1-岐阜県郡上市｜郡上八幡旧庁舎記念館
2-岐阜県郡上市｜郡上八幡旧庁舎記念館
3-長野県下高井郡野沢温泉村　4-沖縄県石垣市｜ユーグレナモール　5-沖縄県石垣市｜ユーグレナモール

45 点々ぽつぽつ

空間全体を覆う満開の桜や深緑の葉の粒が無数のぽつぽつとした影の粒をさらに映し出し、初々しくて柔らかな風景をつくり出している。そこに佇む人やものは、空と地面を舞うひとつひとつの点に祝福されているかのように見えて、印象派の絵画のようにいつまでもそこに佇んでいたいような心地よさを感じさせる。桜のたもとのベンチでのくつろぎ、レジャーシートを広げてのお花見、池のほとりで新聞を広げることなど、その心地よさを思い思いの方法で満喫する一方で、木々の花や葉の茂り具合と日の光の強さの奇跡的なマッチングがなす、その祝祭的な風景がそう長くは続かないことにも皆気づいている。だからこそ、そうした風景がよりはかなく、貴いもののように感じられるのだろう。

e-散らばり方／f-内と外

46 内のように外を使う

空の下でくつろぐのは気持ちがいい。よい季節の日中は、沢山の人がいそいそと机や椅子などを外に持ち出して、本を読んだり作業をしたり、まるで外がリビングルームであるかのように過ごす。くつろぐ場所はどこでもよいというわけではなく、皆がそれぞれにお気に入りの場所をうまく見つけ出している。例えば、公園のタイルの目地に合わせて将棋盤を置いたり、木漏れ日が落ちる場所に花見用のブルーシートを設置したり。そうして見つけられた場所には、扇状地に砂が堆積するように、何かしら意識の引っかかりがあるようだ。

1-東京都渋谷区｜有栖川宮記念公園　2-東京都新宿区｜花園神社　3-東京都青梅市　4-東京都新宿区｜神田上水公園　5-長野県上高井郡小布施町　6-京都府京都市｜木屋町通　7-埼玉県北本市｜城ヶ谷堤　8-京都府京都市｜哲学の道　9-埼玉県北本市　10-京都府京都市　11-東京都渋谷区｜有栖川宮記念公園　12-埼玉県北本市　13-長野県長野市｜豊野駅

1-東京都目黒区｜目黒川 2-岩手県大船渡市 3-東京都小平市｜武蔵野美術大学 4-奈良県奈良市｜たかばたけ茶論 5-東京都台東区｜上野公園 6-愛媛県今治市 7-熊本県上益城郡山都町｜馬見原商店街 8-愛媛県今治市 9-神奈川県横浜市 10-東京都世田谷区｜羽根木プレーパーク 11-長野県長野市｜ぱてぃお大門 蔵楽庭 12-新潟県新潟市 13-愛知県名古屋市｜大須商店街 14-沖縄県那覇市｜栄町市場商店街 15-東京都目黒区 16-埼玉県川越市

f-内と外

47 外のように内を使う

外と内との間で連続している中間的な床。三和土(たたき)やコンクリート、タイルなどで仕上げられた上に、まるで内履きで歩く室内と同じように机や椅子が置かれていることがある。そうした床は土間と呼ばれ、伝統的に調理や農機具の手入れなどの作業に利用されてきたのだが、今では誰でも気軽に入れることを利用して、カフェや市民活動の場など、多様な使われ方をしている。また土足の公共スペースが、室内の土間のようにラフに使われていることもある。土間空間は日本の生活に根強く息づきながら、進化し続けているようだ。

1-兵庫県洲本市｜cafe nafsha 2-秋田県北秋田市｜北秋田市鷹ノ巣駅前観光案内所 3-福島県大沼郡金山町 4-群馬県桐生市｜カフェ大風呂敷 5-埼玉県北本市｜リビングルーム北本団地 6-長野県上田市｜BESSYO ESPRESSO 7-沖縄県那覇市 8-長野県長野市｜KANEMATSU 9-新潟県長岡市｜シティホールプラザ「アオーレ長岡」 10-香川県小豆郡小豆島町｜Umaki Camp 11-奈良県桜井市

48 拡張する小屋

公園の中の小さなキオスク。その屋台の庇が三方向にのばされ、その下に飲み物のクーラーボックスが置かれ、その隣にはアイスクリームの冷凍庫が、さらにその隣にはペットボトルの棚が……と、どんどん領域がひろがっている。その様子は、小屋がどんどん太っているようにも見えるし、その領域がひろがればひろがるほど解体されていくようにも見える。壁がなくなり屋根がつけ足され、椅子や商品をその下に並べるごとに小屋の境界は徐々に曖昧なものになっていくが、全体の密度は薄まることはなく、ますます生命力が溢れて生き生きしたものになっていくのはとても不思議だ。

1-京都府亀岡市　2-神奈川県横浜市　3-静岡県三島市｜三嶋大社　4-東京都千代田区｜日比谷公園　5-高知県高知市

f-内と外

49 ゆたかな廊下

スッとのびる1本の細長い空間の左右を、いろいろなものが彩っている。それは例えば、部屋から溢れ出した家具だったり、表に並べられた植物だったり、屋台だったりする。それらは人の歩く幅を残して並んでいて、ただの動線であった廊下や通りをいろいろな音や匂い、質感に溢れた空間へと変貌させている。並べられたものやそのレイアウトにそこでの生活や行為が張り付いているようで、ベンチで休憩する人、植物に水をあげる人、買い物をする人などが、たとえそこにいなくても見えてくるようだ。そのゆたかな空間を、いつもより少しゆっくりと歩いてみたくなる。

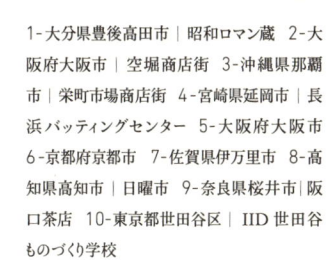

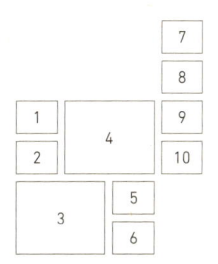

1-大分県豊後高田市｜昭和ロマン蔵 2-大阪府大阪市｜空堀商店街 3-沖縄県那覇市｜栄町市場商店街 4-宮崎県延岡市｜長浜バッティングセンター 5-大阪府大阪市 6-京都府京都市 7-佐賀県伊万里市 8-高知県高知市｜日曜市 9-奈良県桜井市｜阪口茶店 10-東京都世田谷区｜IID 世田谷ものづくり学校

50 みちでひと休み

学校の廊下をトイレへと歩いていたら、途中で友達に声をかけられてそのまま話し込んでしまい、肝心のトイレになかなか到達できずに、休み時間が終わる間際にあわてて駆け込むといった経験のある人は多いのではないだろうか。まちなかでもそんな立ち話は頻繁に起こるのか、歩道やアーケードなどには、そのためにわざわざベンチや椅子が置かれている。買い物しに来ていたはずのおばあさんや、夕飯の材料探しを急いでいたはずのお母さんまで、いつの間にかベンチに吸い寄せられるように座り、同じように座ってしまった隣人とおしゃべりを始めていたりする。まるでベンチや椅子がみち行く人に声をかけて引き止めているかのようだ。

1-沖縄県名護市｜「道の駅」許田やんばる物産センター 2-長崎県佐世保市｜戸尾市場 3-沖縄県那覇市｜栄町市場商店街 4-長野県諏訪郡下諏訪町｜菅野温泉 5-愛媛県今治市 6-大阪府大阪市｜からほり御屋敷再生複合ショップ 練

f-内と外／g-境界

51 足下が見えている

立ち食いそば屋などの店舗では、よく暖簾(のれん)などを垂らして、客の食べているところではなく足下だけを見せることで客の入りのみを公開し、期待感を高めている。同じく低く下げられた暖簾の下から垣間見える商店の棚や、閉じ切っていないシャッターの隙間から見えるビールケースのように、見えているものが人ではない場合でも、そうした期待感を同様に覚えることがある。隠しているにもかかわらず存在だけはやすやすとうかがい知れる感じはいわば「頭隠して尻隠さず」の状態で、日本においてときに美学的な次元にまで発展してきた「隠す」という作法の中でも、どこか少し間抜けで愛嬌のあるものである。その愛嬌が、私たちの期待を膨らませてしまう要因のひとつに違いない。

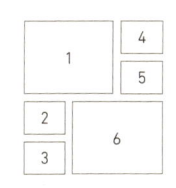

1-新潟県新潟市｜新潟駅　2-高知県高知市｜日曜市　3-高知県安芸市　4-東京都豊島区　5-京都府京都市　6-新潟県上越市｜越後高田雁木通り

52 半透明

すりガラスや半透明のビニールカーテン越しに、ぼんやりと透けて見える室内の様子。ときには飲み屋だったり、小さな工場だったり、あるいは単なる駐車場や倉庫だったりと、ぼんやりとした像から中の様子をなんとなくうかがい知ることができる。そして半透明の素材がもつちょっとしたカバー力のおかげで、すぐ間近にあるはずのものが実際の距離以上に離れているようにも感じる。そうした心理的な距離感をつくることに対する信頼が高いためか、半透明スクリーンの向こう側ではわりと無防備にものが置かれたり、活動が展開されたりしているように見える。そしてそのことが、まちの風景に少し動きのようなものを加えているように思う。

1-大阪府大阪市　2-東京都文京区　3-高知県高知市｜ひろめ市場　4-新潟県上越市｜越後高田雁木通り　5-福島県大沼郡金山町　6-愛媛県宇和島市｜木屋旅館　7-東京都渋谷区

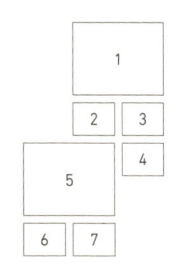

g-境界

53 薄く構える

輪島市の間垣（まがき）や出雲市の築地松（ついじまつ）と呼ばれる屋敷林は、季節風などから家屋を守ったり、内部環境を調整したりする地方独自の技術である。それらは、伝統的に気密性の低い日本家屋に対して薄い外皮を重ね着するような構成をとることで、強すぎる風や日光などの外部環境をほどよくいなしたり利用したりすることが試みられている。気密性の高い壁や屋根でつくられた現代の住宅においては、そうした重ね着は不要のようであるが、窓ガラスなどの開口部や簡易的なガレージなど外的要因に対しての防御性能が低い部分では、簡易的なプラスチック製のネットやすだれなどをかけることによって、重ね着的な効果をつくりだそうとしている例が見られる。

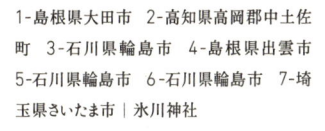

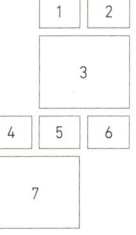

1-島根県大田市 2-高知県高岡郡中土佐町 3-石川県輪島市 4-島根県出雲市 5-石川県輪島市 6-石川県輪島市 7-埼玉県さいたま市｜氷川神社

54 ささやかな垣根

建物のファサードに彩りを添えたり、奥にあるプライベートな部屋の様子を隠したりしながら、効果的に家構えや店構えを緑化している。こうした風景が好ましく感じられるのは、個人的な活動が、結果としてまち並みをよくすることに寄与しているためだろうか。しかし実際は、家主が隣近所に配慮して緑化や景観づくりを行っているというよりは、それぞれが独自のやり方でささやかな庭づくりを楽しんでいることの方が多いようだ。それが、結果として路地園芸という範囲を超えて垣根の風情をたたえていることに驚く。誰かが楽しんでつくったものは、他人が見てもやはり楽しい。そうしたことの集まりこそが、まちを生き生きとさせるのかもしれない。

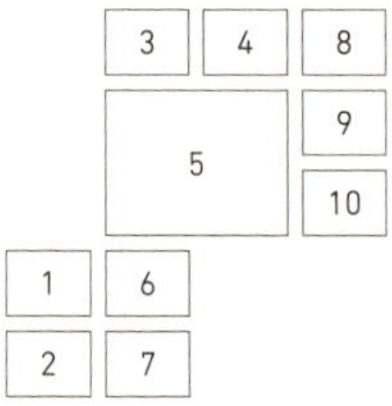

1-東京都目黒区　2-香川県香川郡直島町　3-神奈川県横浜市　4-沖縄県国頭郡大宜味村
5-京都府京都市　6-京都府京都市　7-新潟県上越市｜越後高田雁木通り　8-東京都中野区
9-東京都豊島区　10-大阪府大阪市

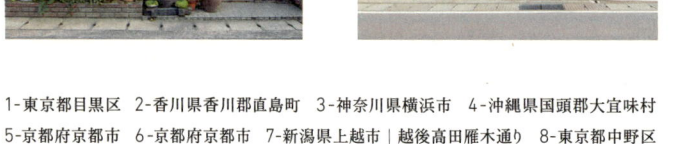

g-境界

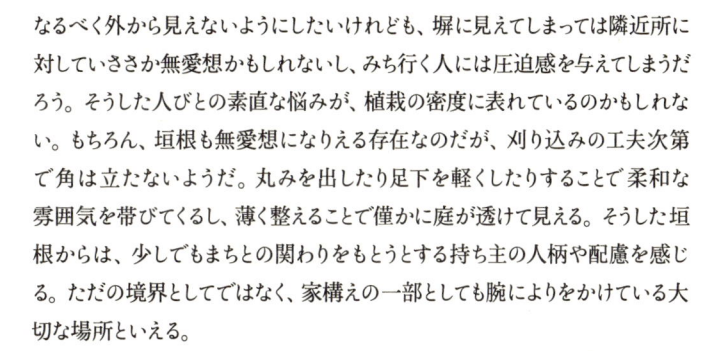

55 垣根

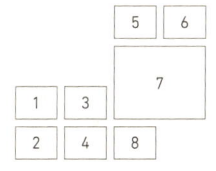

なるべく外から見えないようにしたいけれども、塀に見えてしまっては隣近所に対していささか無愛想かもしれないし、みち行く人には圧迫感を与えてしまうだろう。そうした人びととの素直な悩みが、植栽の密度に表れているのかもしれない。もちろん、垣根も無愛想になりえる存在なのだが、刈り込みの工夫次第で角は立たないようだ。丸みを出したり足下を軽くしたりすることで柔和な雰囲気を帯びてくるし、薄く整えることで僅かに庭が透けて見える。そうした垣根からは、少しでもまちとの関わりをもとうとする持ち主の人柄や配慮を感じる。ただの境界としてではなく、家構えの一部としても腕によりをかけている大切な場所といえる。

1-神奈川県横浜市　2-熊本県八代市　3-京都府京都市　4-福岡県北九州市　5-愛媛県松山市｜子規堂　6-東京都中野区｜egota house A　7-千葉県香取市　8-島根県隠岐郡海士町

56 門

門は出入りを制御する物理的な要素であると同時に、何かの象徴として取り扱われることも多く、さまざまな性質が反映された様相をもっている。宗教性や地域の文化が反映されたものもあれば、個人の好みやユーモアのセンスが表れたものもある。また、並んだ木の間をくぐらせたりして、門でないものを門のように見せる場合もある。気軽に立ち寄ることを誘いかけてくるものがある一方で、入るための勇気を問いかけてくるものもあるなど、そこにはさまざまなメッセージが見えてくる。

1-京都府亀岡市｜国分寺　2-愛媛県今治市　3-島根県出雲市　4-石川県輪島市　5-奈良県奈良市　6-石川県輪島市　7-京都府京都市｜新京極商店街　8-大阪府大阪市　9-福岡県柳川市　10-沖縄県那覇市　11-愛媛県喜多郡内子町　12-福岡県柳川市　13-福岡県柳川市　14-静岡県下田市｜的場稲荷神社　15-京都府京都市｜新京極商店街

h-見せ方

57 トンネル

トンネルの陰とその先にある光のコントラストは、空間に奥行きを与えている。コントラストの差が大きければ大きいほど軸方向への抜けが強調され、向こう側のほのかな光が、私たちの手の届かない崇高なもののように見えてくる。樹木や覆いのように、もともとはトンネルでないものがそうした効果を発揮している風景は非常に幻想的で、まるで別世界への入口であるかのように見える。トンネルのような形状の曖昧さによって向こう側の様子がはっきりとせず、私たちの冒険心はかき立てられて、つい足が向いてしまう。

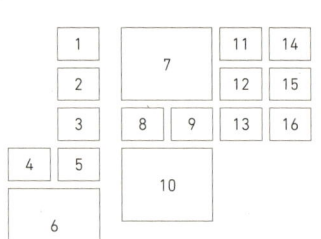

1-岡山県岡山市｜吉備津神社　2-香川県小豆郡土庄町　3-群馬県桐生市　4-島根県大田市　5-沖縄県那覇市　6-大阪府大阪市　7-沖縄県那覇市　8-島根県大田市　9-徳島県徳島市　10-東京都中央区　11-長野県塩尻市　12-東京都世田谷区　13-沖縄県八重山郡竹富町　14-熊本県熊本市｜熊本市営託麻団地　15-静岡県三島市｜源兵衛川親水公園　16-沖縄県国頭郡本部町

h-見せ方

58 プリクラフレーム

L字にした両手の間をのぞき込んで、構図を確認して納得する。カメラのファインダーとまではいかないが、このような即興のフレームでも即座に風景をまとめ、特別なものにすることができる。それと同じように、ときには桜の木々や梅の花、青々とした緑などの花鳥風月が、まるでプリクラの装飾フレームのように風景をまとめることもある。見慣れた日常に満開の桜を重ね合わせると、ぽかぽかとした太陽の光や柔らかい春風まで感じさせるものになる。色とりどりのフレームの存在が、風景を華やいだものにしてゆく。

1-広島県尾道市　2-広島県広島市　3-京都府京都市　4-長野県下高井郡野沢温泉村　5-京都府京都市｜哲学の道

59 鳥居または鳥居的なもの

鳥居を立てることは、空間的な境界だけでなく、記号としての境界、つまり結界をつくる方法である。その脇は簡単に通ることができるなど、物理的に厳密な境界になっていない場合も多いが、人にその下をくぐらせることによって、何かを越えることを強いる意味をもつ。まちを歩いていると、ちょっとした屋根の延長や便宜的に設えられたゲートが、鳥居と同じような意味を帯びていることに気づく。鳥居がその向こうにある神社や祠の存在を示唆するように、向こう側の領域にある何かを浮き彫りにして、私たちにその下をくぐることを促す。

1-沖縄県八重山郡竹富町　2-島根県境港市　3-宮崎県延岡市｜土々呂駅　4-愛知県豊田市　5-新潟県新潟市｜水の駅「ビュー福島潟」（潟博物館）　6-石川県輪島市　7-宮城県気仙沼市｜気仙沼 あそびーばー

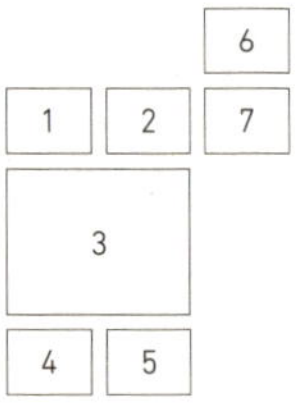

h-見せ方

60 フレーミング

その先の風景を際立たせようとでもしているのだろうか。向こう側に広がる風景を切り取りつつ、視線の抜けをつくっている。意図的なものもあれば、たまたまそうなってしまったものもあるし、その先の風景も、いかにも美しいものもあれば、日常の片隅のようなものもある。ピンホール・カメラの構造に似て、フレーミングの開口部が小さければ小さいほど、その先の像はクリアに感じるようだ。真っ暗なトンネル状の空間をいったん経由することで、その解像度が高まっているようにも感じられるからだろうか。加えて、フレームがこちら側とあちら側を繋いで視線の抜けを強調しているためか、トンネルを構成する構造体そのものが軽やかなもののように見えてくる。

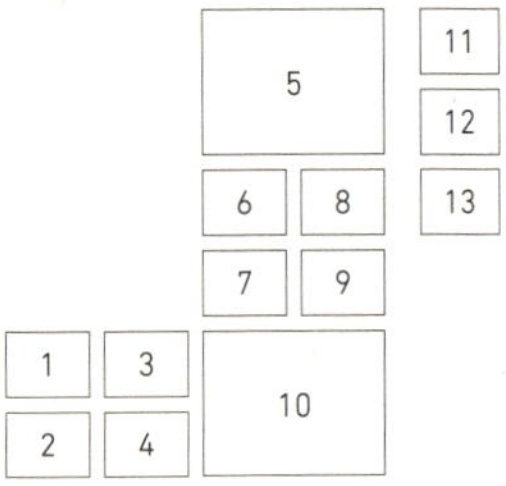

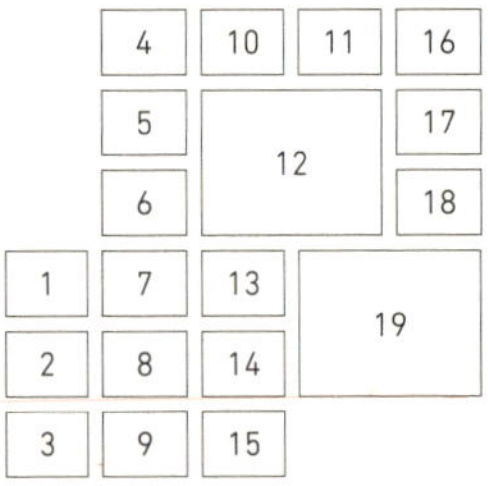

61 陰で切り取る

暗い室内から外を見ることで、内と外との間にある明暗、つまり照度の差が強調される。外の明るさに対して室内は限りなく存在が感じられなくなり、漆黒のフレームとなって光に満ち溢れた外の世界の解像度を高く見せ、私たちの視覚の感度を上げる。外の風景が平凡であるほどこの視覚的メカニズムの効果が明確になり、なにげない風景も美しく見えてはっとさせられる。このようにフレームの存在は、普段は特別に見えなかった風景を鮮やかに際立たせる。

1-京都府与謝郡伊根町 2-新潟県糸魚川市｜筒石漁港 3-香川県小豆郡小豆島町｜旧山吉醤油母屋 4-島根県大田市 5-東京都新宿区 6-島根県隠岐郡海士町 7-東京都小平市｜武蔵野美術大学 8-島根県隠岐郡海士町 9-島根県隠岐郡海士町 10-新潟県糸魚川市｜筒石漁港 11-京都府与謝郡伊根町 12-山形県酒田市 13-島根県隠岐郡海士町

h-見せ方

1-埼玉県入間市｜盈進学園 東野高等学校　2-群馬県利根郡みなかみ町｜水上駅　3-新潟県糸魚川市｜筒石漁港　4-京都府京都市｜HOTEL ANTEROOM KYOTO　5-京都府与謝郡伊根町　6-兵庫県洲本市　7-群馬県桐生市｜群馬大学　8-島根県出雲市　9-京都府京都市｜京都紫野の町屋 藤森寮　10-静岡県伊東市｜川奈ホテル　11-大分県国東市｜スオーナダフェリー　12-青森県黒石市｜高橋家住宅　13-香川県小豆郡土庄町｜島キッチン　14-長野県下高井郡山ノ内町｜湯田中駅　15-鳥取県倉吉市　16-高知県高知市｜牧野富太郎記念館　17-愛媛県宇和島市｜木屋旅館　18-静岡県熱海市｜起雲閣　19-高知県高知市｜高知駅

62 パノラマあき

横に長く連なる窓や、水平にのびる軒先と縁側に切り取られて、屋外の風景が横一直線に広がっている。パノラマ撮影された写真のように、その風景はどこまでも続いていくようである。その風景の手前でささやかに一定のリズムを刻む窓や柱は、その印象を増強する。さらに、上下を覆う屋内の暗がりとのコントラストによって、その風景はまぶしいほどに明るく、とても鮮やかだ。切り取られた海や青々と茂る緑といった風景は、シンプルながら大胆であり、潔い構成によって、より生き生きとしたものに見えてくる。ここでは、風景が主役だ。

1-高知県高知市｜牧野富太郎記念館　2-京都府与謝郡伊根町　3-愛媛県今治市｜台海水浴場　4-静岡県熱海市｜起雲閣　5-兵庫県洲本市　6-福井県大野市　7-岡山県岡山市｜岡山後楽園

h-見せ方／i-屋根

63 庇をつける

建物の前面につけられた庇は、シャンプーハットやサンバイザーのようにも見えるし、ときには取りつけられたものというよりまるで建物に介入しているかのようにも見える。低い庇は外壁の周辺に身体に近いスケールの空間をつくり、壁がそっけなく立ち上がる場合よりも建物自体を親しみやすいものに変容させる。同時に、庇が建物のまわりに生み出す空間は、内部のアクティビティを外部へと拡張させ、同時に外部のアクティビティも内部へと吸引するきっかけをつくる。

64 パラソル

一口にパラソルといっても、デザインや大きさ、素材などけっこう多様だ。またその多様性に呼応するように、その下で繰り広げられるアクティビティもバラエティに富んでいる。ひと休みのためだけでなく、ひっそりと占い屋を開店するためであったり、皆でワイワイとがらくたの取引を楽しむための市も開かれたりする。パラソルは、その場に集う人びとによるにぎやかさをつくり出し、同時にその存在自体が風景ににぎやかさを加える。ひとたびパラソルを開けば、風景の中に人びとの生活が広がっていく。

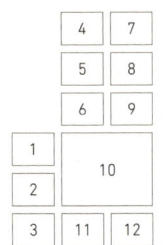

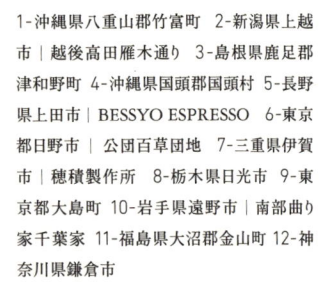

1-沖縄県八重山郡竹富町　2-新潟県上越市｜越後高田雁木通り　3-島根県鹿足郡津和野町　4-沖縄県国頭郡国頭村　5-長野県上田市｜BESSYO ESPRESSO　6-東京都日野市｜公団百草団地　7-三重県伊賀市｜穂積製作所　8-栃木県日光市　9-東京都大島町　10-岩手県遠野市｜南部曲り家千葉家　11-福島県大沼郡金山町　12-神奈川県鎌倉市

i-屋根

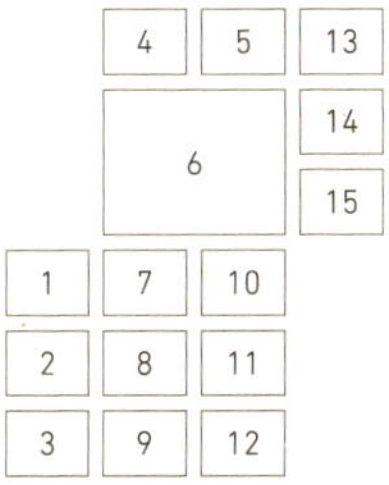

65 屋根を架ける

屋根が風雨や日差しから守るのは、人間に限ったことではない。登り窯のように機能的にどうしても雨水から守らなければならないようなものもあるし、ときには自動販売機やロッカーなどにも丁寧に屋根が架けられていることもある。そのような風景を見ると、その屋根の下にあるものを擬人化して見てしまい、そこに屋根を設けようとした人の気持ちに自然と共感してしまう。そんなやさしい風景に出合うと、屋根の下に佇む地蔵やポストや自動販売機に、「大切にされているね」なんて声をかけたくなる。

1-兵庫県洲本市　2-東京都新宿区　3-広島県広島市　4-東京都新宿区｜花園神社　5-岐阜県郡上市　6-徳島県鳴門市　7-長野県長野市｜権堂アーケード　8-徳島県徳島市　9-京都府京都市｜百万遍さんの手づくり市　10-愛媛県松山市｜放生園　11-広島県広島市　12-沖縄県八重山郡竹富町　13-兵庫県姫路市　14-福井県大野市｜七間朝市　15-新潟県十日町市

1-徳島県鳴門市　2-鳥取県八頭郡八頭町　3-山形県酒田市　4-新潟県新潟市　5-岐阜県高山市　6-京都府京都市　7-静岡県三島市｜源兵衛川親水公園　8-京都府京都市｜賀茂別雷神社　9-島根県隠岐郡海士町　10-新潟県上越市　11-沖縄県八重山郡竹富町　12-沖縄県八重山郡竹富町

i-屋根

66 アーケード

商店街に簡易的な覆いを架けるだけで、通りに面して軒を連ねる店舗群を一体化し、ひとつの建築空間にしてしまう。アーケードのつくり方の違いで、外部空間のようになることもあれば、建物の内部のようになることもある。例えば、華奢なフレームにポリ塩化ビニールの透過性のある波板でも組み合わせれば、ほぼ外部のような開放的な空間を演出することができる。また、カラフルなテント地の覆いであれば、単なる商店の集まりというよりは、門前町のような一体感をもったにぎわいの雰囲気を帯びさせることができる。

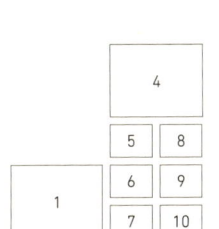

1-石川県金沢市｜近江町市場　2-宮崎県延岡市｜山下新天街商店街　3-京都府京都市｜錦市場　4-石川県金沢市｜近江町市場　5-東京都北区｜十条銀座商店街　6-大阪府大阪市｜天神橋筋商店街　7-京都府京都市｜寺町通　8-沖縄県那覇市｜栄町市場商店街　9-兵庫県洲本市　10-高知県高岡郡中土佐町｜久礼大正市場

67 間に架け渡す

日除けの布や藤棚のような軽やかなものから、瓦屋根や線路の高架といった少し重々しいものが、何かと何かの間に架け渡されている。架け渡されたその下の空間は道路や路地といったものが多く、日陰が生まれたり雨が遮られたりすることで、動線の流れの中で人が溜まることのできるような領域が生まれている。加えて、その両端の建物や塀なども、「架け渡されたもの」に物理的に繋ぎ止められることで自然と関係づけられ、その領域は上下左右を囲われたより明確なものとして風景の中に浮かび上がる。しかしその設えはささやかなままであり、誰にでも入り込みやすく、それゆえ公共的だ。

j-架ける

68 タープ

市場の仮設店舗などに架かる柔らかいタープの屋根。地面に影を落とし、ときには雨をしのぐ。その下で人はゆったりと野菜や果物を並べたり、客を待ったり、作業をしたりする。作業の場だけでなく、キャンプなどの遊びの場にも手軽に利用される。タープはランダムに重なって架けられることもあれば、パラパラとした隙間を空けて架けられたり、何かの形に型取られたりする。さまざまな架け方に従って、柔らかく風になびくタープは、適当さの中にもおおらかさを感じることができる。

1-沖縄県那覇市　2-広島県尾道市　3-熊本県八代市　4-新潟県魚沼市　5-島根県松江市　6-高知県高岡郡中土佐町|久礼港　7-広島県尾道市　8-東京都世田谷区　9-東京都渋谷区　10-高知県室戸市　11-静岡県熱海市　12-島根県出雲市|出雲大社

104
105

1-高知県高知市｜日曜市 2-高知県高知市｜日曜市 3-東京都練馬区｜まちの保育園 小竹向原 4-沖縄県那覇市｜栄町市場商店街 5-高知県高知市｜日曜市 6-高知県高知市｜日曜市 7-宮城県気仙沼市 8-高知県高知市｜日曜市 9-熊本県上益城郡山都町｜馬見原商店街 10-高知県高知市｜日曜市 11-高知県高知市｜日曜市 12-神奈川県横浜市｜洪福寺松原商店街 13-宮崎県延岡市｜サンロード栄町 14-高知県高知市｜日曜市

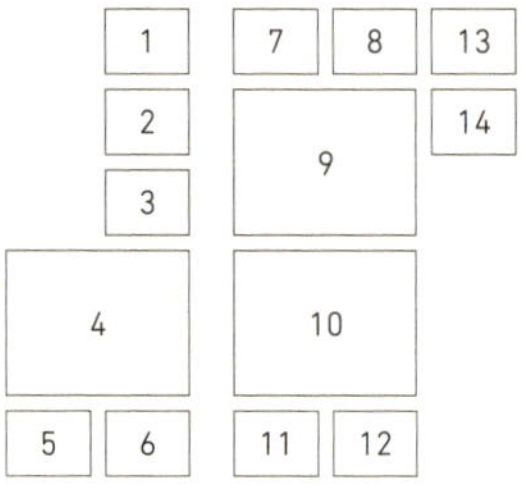

j-架ける

69 吊るす

何かがぶらぶらと吊るされている。架け渡されたロープやフックを頼りに、力の流れのままに吊るされて、ときには風にそよぎ、ときには浮いているような軽さを感じさせる。吊るされているものは提灯やほうき、おみくじなど、それぞれ同じ種類のものが並んでいることが多い。吊るしているものの硬さや張り具合によって直線や円弧をつくっている風景は、律儀に隊列を組んでいるようでもあり、見ていて気持ちのよいものだ。人びとの規律的な行動と重力が結びつき、軽やかな風景として現れている。

1-徳島県徳島市　2-青森県五所川原市｜JR 五所川原駅　3-岩手県上閉伊郡大槌町｜森の図書館　4-徳島県徳島市　5-京都府京都市　6-新潟県上越市　7-沖縄県那覇市　8-神奈川県横浜市　9-愛媛県今治市｜大山祇神社　10-愛媛県今治市｜大山祇神社

70 何かを使って干す

なんでも物干しのように使うようなたくましさが、庶民の暮らしにはある。地面にさえつかなければ汚れることはないといった感じで、ちょっと高い所へ浮かせて、乾かすための絶好の場所を見つける。通りがかりの者には見慣れない干し方をしていたとしても、地元の人にとっては当たり前で、誰も気にしていない様子だ。道路にはみ出すなど当たり前。大胆にもガードレールを利用しているものや、電柱にロープを架け渡して干しているものなどさまざまである。彼らは、日干しにちょうどよい季節と場所を知っているし、長時間放置していても盗まれる心配のないような目立つ場所を知っている。だからこそ、堂々と場所を選んでいるのかもしれない。

j-架ける

108
109

71 小さな橋

小川や用水路などに隔てられた両岸を繋ぐために、そっと架け渡された小さな橋。それは、インフラと呼べるほど大きなものではなく、ときにはただの木の板だったりする。小川や用水路があちこちに存在する日本では、このような小さな橋のある風景によく出合う。しかし、世界に目を転じてみると、それがよく見かける風景とは言い切れないところもある。そんな観点からは、小さな橋が簡単なものであればあるほど、生活の傍に水があることのよろこびをうたっているかのように見える。

1-熊本県八代市｜八代市消防署 2-神奈川県横浜市 3-長崎県佐世保市 4-鳥取県倉吉市 5-鳥取県鳥取市 6-愛媛県松山市 7-兵庫県洲本市 8-東京都豊島区 9-佐賀県佐賀市 10-岐阜県高山市 11-沖縄県国頭郡本部町 12-東京都新宿区 13-東京都豊島区 14-島根県大田市 15-鳥取県岩美郡岩美町｜田後港 16-兵庫県洲本市 17-愛知県豊田市 18-京都府京都市 19-島根県隠岐郡海士町 20-静岡県熱海市 21-沖縄県八重山郡竹富町｜コンドイビーチ 22-佐賀県伊万里市 23-愛媛県今治市 24-沖縄県国頭郡大宜味村 25-京都府京都市 26-石川県輪島市 27-京都府与謝郡伊根町 28-石川県輪島市 29-兵庫県姫路市

j-架ける

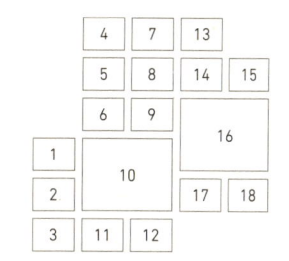

1-愛媛県松山市 2-島根県隠岐郡海士町 3-島根県出雲市 4-高知県室戸市 5-静岡県三島市｜白滝公園 6-兵庫県洲本市 7-鳥取県八頭郡八頭町 8-静岡県三島市｜白滝公園 9-静岡県下田市 10-高知県安芸市 11-佐賀県伊万里市 12-静岡県三島市｜源兵衛川親水公園 13-京都府京都市 14-岐阜県高山市 15-京都府京都市 16-愛媛県松山市 17-愛媛県松山市 18-鳥取県倉吉市

72 縞々

数ある模様の種類の中でも最もシンプルで、使いやすいからだろうか。縞々模様は、商店の庇や市場のテント、祭りの屋台などのさまざまな場所でいろいろな用途に利用されている。それらは、鮮やかな色で手早く楽しげに場所を演出するが、全体の雰囲気を変えてしまうほどに主張が強いわけではない。不思議なことに立派な町家の軒先にもフィットするし、いかにも簡易的なテントにもぴったりだからか、場所の演出に物足りなさを感じた時、気軽に取り入れられるアイテムとして位置づいている。ちなみに、色に白が入っていることはお約束のようである。定番ともいえる縞々模様は、どこにでも楽しくにぎやかな雰囲気をつくり出す達人である。

k-図案

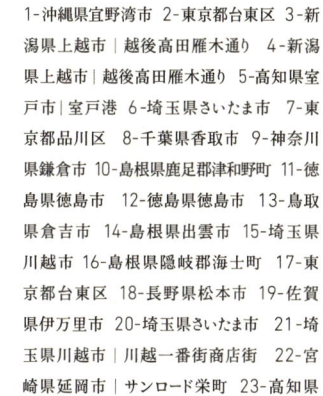

1-沖縄県宜野湾市　2-東京都台東区　3-新潟県上越市｜越後高田雁木通り　4-新潟県上越市｜越後高田雁木通り　5-高知県室戸市｜室戸港　6-埼玉県さいたま市　7-東京都品川区　8-千葉県香取市　9-神奈川県鎌倉市　10-島根県鹿足郡津和野町　11-徳島県徳島市　12-徳島県徳島市　13-鳥取県倉吉市　14-島根県出雲市　15-埼玉県川越市　16-島根県隠岐郡海士町　17-東京都台東区　18-長野県松本市　19-佐賀県伊万里市　20-埼玉県さいたま市　21-埼玉県川越市｜川越一番街商店街　22-宮崎県延岡市｜サンロード栄町　23-高知県高知市｜日曜市　24-鳥取県鳥取市｜鳥取市役所　25-高知県高知市　26-長野県松本市

112
113

73 玉散らし

まんまるに刈り込まれた緑のかたまりが、ぽこぽこと集まっている。この楽しげな剪定は、「玉散らし」と呼ばれている。西洋風のトピアリーの技術が樹木を無理矢理何かの形に従わせるのに対して、「玉散らし」は樹木本来の形を尊重しているようにも見える。そのユーモラスな木々の出で立ちには単なる自然美を超えた美しさがあり、私たち日本人の複雑な自然に対する美意識を表しているようだ。

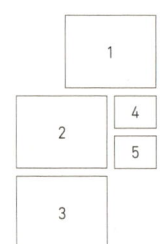

1-埼玉県所沢市　2-島根県隠岐郡海士町　3-熊本県八代市　4-埼玉県所沢市　5-島根県仁多郡奥出雲町｜出雲横田駅

k-図案／l-にぎやかし

74 にぎやかし

まちににぎやかさを添えるような飾りつけが施されていることがある。例えば、祭りの提灯や鯉のぼりなどの季節を感じさせるものから、店先ののぼりのようなものまでさまざまだ。そんなにぎやかしの要素は、たいてい歩行の邪魔にならないように頭上でヒラヒラとはためいたり、チラチラと光ったりしていて、風景の中で粒状に存在することが多い。少ない要素で最大限の効果を発揮するための工夫だろうか。私たちは思わずそれらを見上げて、なんだか楽しい気持ちになる。手づくりの誕生日パーティがまちで繰り広げられているようなあたたかさを感じてしまう。

1-東京都新宿区｜花園神社 2-愛媛県喜多郡内子町 3-熊本県上益城郡山都町｜馬見原橋 4-島根県出雲市 5-徳島県徳島市 6-東京都世田谷区｜羽根木公園 7-岩手県気仙郡住田町 8-沖縄県宜野湾市 9-東京都台東区 10-熊本県上益城郡山都町｜馬見原商店街 11-鳥取県鳥取市 12-東京都渋谷区 13-大阪府大阪市 14-東京都青梅市 15-長野県長野市 16-大阪府大阪市｜阪急うめだ本店 うめだスーク 17-神奈川県横浜市｜洪福寺松原商店街 18-岩手県陸前高田市 19-高知県高知市｜ひろめ市場 20-京都府京都市 21-島根県米子市

l-にぎやかし

75 タイポグラフィ

「字は人を表す」といわれる。単に上手い下手だけでなく、字の大きさや字体も大きく関係しているであろう。同様に、店舗などの建物に施されたタイポグラフィから、私たちはその中で行われる活動や雰囲気、店主の人となりなどを想像する。額縁屋の貫禄がある字や、果物屋の脱力している字、フリーマーケットの少し場違いだが躍動感のある字など、多様なタイポグラフィがその奥にひそむ店内の空気感を醸し出している。一方で、それが建築の性格に影響を与えることもある。タイポグラフィに誘われて、中の活動には縁のなかった客が入り込むなど、それが建物のオーナーによって戦略的に行われたりして、建築の性格がタイポグラフィに寄り添っていく。長く愛されているお店ほど、タイポグラフィと建築の強さが拮抗しているとはいえまいか。

し-にぎやかし

昭和湯
KIRIN

みやげ

鹿が渡ど

CALAMARI

子育てほっとスペース
すきっぷ

リサイクルプ
ア

商品管理・配送センター

AKERY

包子餃子

射的 スマートボール

フルーツ 百果園

八井漆器本店

Motor Pool

山瀬屋

足袋

1-長野県松本市　2-埼玉県川越市　3-京都府京都市　4-東京都墨田区　5-奈良県奈良市　6-奈良県奈良市　7-東京都中野区　8-愛媛県今治市　9-島根県松江市　10-静岡県三島市　11-鳥取県鳥取市　12-長野県長野市｜KANEMATSU　13-長野県長野市｜信州 善光寺　14-長野県下高井郡野沢温泉村　15-鳥取県岩美郡岩美町　16-大阪府大阪市　17-沖縄県名護市　18-群馬県桐生市　19-京都府亀岡市　20-京都府京都市　21-新潟県新潟市　22-香川県高松市　23-香川県東かがわ市　24-鳥取県倉吉市　25-神奈川県横浜市　26-鳥取県岩美郡岩美町　27-愛媛県松山市｜大街道　28-新潟県十日町市　29-東京都品川区　30-長野県長野市　31-東京都渋谷区　32-新潟県上越市｜越後高田雁木通り　33-沖縄県国頭郡国頭村　34-神奈川県横浜市　35-京都府亀岡市｜みずのき美術館　36-東京都中央区　37-東京都文京区　38-神奈川県鎌倉市　39-静岡県下田市　40-徳島県徳島市　41-長野県松本市　42-長野県下高井郡山ノ内町　43-石川県輪島市　44-埼玉県川越市｜川越一番街商店街　45-島根県隠岐郡海士町　46-奈良県奈良市　47-青森県西津軽郡深浦町　48-東京都千代田区　49-兵庫県洲本市　50-京都府京都市　51-京都府京都市　52-香川県高松市　53-兵庫県洲本市｜淡路島美術大学

l-にぎやかし

76 キャラやモチーフ

彫刻刀で鬼の顔が彫られた手づくり感あふれる椅子や、おばあちゃんが編んだようなマフラーが巻かれたカエルの置物。それらは制作者や利用者のユーモアや思いやりを見る者に与える。地域の民話やおとぎ話に出てくる生き物などをモチーフにしたり、地域の特産品を巨大化したりしたオブジェには日本の至る所で出合うことができる。さらに、食品トレーでつくった達磨や、工作のようにつくられた巨大な動物の神輿は、デザインとして洗練されているものこそ少ないが、つくる人びとの願いや思いがひしひしと伝わってくる。ときには立派な寺の境内で、ハッとするようなキャラに出合ったりもする。

1-熊本県上益城郡山都町｜馬見原商店街　2-東京都荒川区　3-愛媛県喜多郡内子町　4-熊本県上益城郡山都町｜馬見原商店街　5-鳥取県八頭郡若桜町｜若桜駅　6-岡山県岡山市｜吉備津神社　7-静岡県下田市｜道の駅 開国下田みなと　8-青森県黒石市｜黒石市役所　9-鳥取県倉吉市　10-静岡県三島市｜白滝公園　11-群馬県沼田市　12-宮崎県延岡市｜山下新天街商店街　13-長野県長野市｜信州 善光寺

77 まちのキャンバス

堤防や塀、商店街のシャッターなどに、子どもたちや地域の人びとが思い思いに絵を描く。無機質で圧迫感のあった大きな堤防や塀、閉まりっぱなしのシャッターも、カラフルな絵が描かれることで生き生きと楽しげになり、まちに彩りを加えるものに変わる。地方によってはプロが壁画づくりに駆り出されることもあるが、市民の手づくり感溢れる絵の迫力に勝るものはない。絵の具セットそのままというような色づかいや、絵本から飛び出してきたような突拍子もないモチーフなど、いわゆる美しさや洗練からはかけ離れているかもしれないが、大きなキャンバスに描くことに対するよろこびに溢れていて、見る者を開放的な気分にさせる。

1-新潟県糸魚川市｜筒石漁港　2-兵庫県姫路市　3-沖縄県国頭郡国頭村　4-秋田県北秋田市｜たかのす銀座通り商店街　5-島根県大田市　6-新潟県十日町市　7-兵庫県姫路市

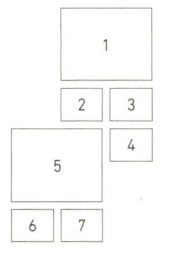

l-にぎやかし

78 子どものしわざ

子どもたちの手によって無心につくられたものが空間を彩ると、幼い印象の造形でありながらも、なんとも言えない生き生きとした雰囲気が生まれる。彼らが自分たちの手で試行錯誤しながらたどり着いた思いがけない形や無邪気な色彩感覚に目を引かれ、明るい気持ちになる。その一方で、こうしたものが生まれる背景には、日頃から子どもたちをサポートしている大人の存在が不可欠だということにも気づかされる。地域の人びとや学校の先生、家族などの大人に見守られながら、子どもたちがひとつのものをつくり上げている様子は、とてもあたたかな光景である。

1-東京都文京区　2-千葉県習志野市｜習志野市立秋津小学校　3-宮崎県延岡市｜山下新天街商店街　4-千葉県習志野市｜習志野市立秋津小学校　5-広島県尾道市　6-長野県長野市　7-鳥取県鳥取市　8-大阪府大阪市

79 石油製品

酒屋の前に積まれたビールケースや八百屋のかご。野外イベントを埋め尽くすプラスチックの椅子などの石油製品は、手軽であり、軽くて扱いやすいことから日常生活の中に深く浸透している。それらには基本的に原色が使われていて目立つため、ときに何かを分別するためなどに利用されるが、多くの場合は色の違いなどにあまり気遣いなく使われている。安価さのために大量に導入されて利用されることが多く、大量に置かれれば置かれるほど、風景の中で強くその存在を主張する。しかし、持ち前のカラフルで軽やかな存在感は風景全体に楽しげな雰囲気をつくり出す。現代では日本の風景のひとつのスタンダードとして定着しているのではないだろうか。

l-にぎやかし

1-愛媛県今治市　2-青森県十和田市｜アートステーショントワダ　3-京都府亀岡市　4-鳥取県八頭郡八頭町｜因久山焼窯元　5-島根県大田市　6-青森県八戸市　7-東京都台東区　8-大阪府大阪市　9-島根県出雲市｜出雲大社　10-新潟県糸魚川市｜筒石漁港　11-熊本県上益城郡山都町｜馬見原商店街　12-大阪府大阪市｜D&DEPARTMENT OSAKA　13-沖縄県国頭郡恩納村｜おんなの駅　14-高知県高知市｜日曜市　15-東京都杉並区　16-愛媛県今治市　17-京都府京都市　18-石川県金沢市　19-東京都中央区

80 地域圏内を移動する

各自で工夫を凝らし、地域を盛り上げようとつくり上げた手づくりの神輿。洗練された意匠や伝統的な形態からはかけ離れたものが多いが、工夫と情熱によって生み出されたユーモアとサービス精神が見る者と担ぐ者を楽しませ、また、そうしたエネルギーに溢れたものが地域をねり歩くことでさまざまなものが結びつけられていく。たこ焼き屋の屋台や宅配業者の自転車のような車輪がついたタイプの移動もあれば、根無し草的な骨董市といった移動型のアクティビティもあり、そうしたものがまちをめぐるたびに日常が活気づく。担ぎ手の減少のためか、最近は神輿が軽トラックに載って移動していることもあるが、移動そのものに対する思いや願いの強さが切実に伝わってきて、驚かされることもある。

l-にぎやかし／m-占拠

81 不陸のない地面

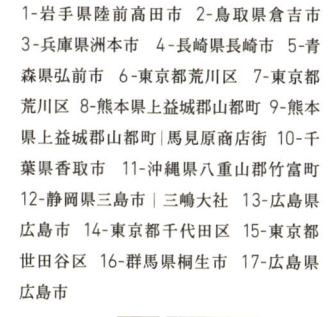

まっ平らな地面さえあればよいのだ。露店を構えるおばさん、コーヒーをサーブする若店主、野球をする子どもたち……。道路や駐車場など舗装された地面の上で気ままにふるまう彼らからは、そんなたくましい声が聞こえてくるようだ。無味乾燥な仕上げや引かれた白線など気にもせず、地面が安定しているということが最大限に活用されている。家具や商品を置いても傾くことはないし、転がっていくこともない。ハードな仕上げはどんな活動にも耐え、特に何かのために気を効かせていない分、どこまでも誰のものでもないおおらかさがある。現代の風景に広がる無表情ともいえる地面は、人びとが都市の空間を自由に使いこなすための契機として生きている。

1-岩手県陸前高田市 2-鳥取県倉吉市 3-兵庫県洲本市 4-長崎県長崎市 5-青森県弘前市 6-東京都荒川区 7-東京都荒川区 8-熊本県上益城郡山都町 9-熊本県上益城郡山都町│馬見原商店街 10-千葉県香取市 11-沖縄県八重山郡竹富町 12-静岡県三島市│三嶋大社 13-広島県広島市 14-東京都千代田区 15-東京都世田谷区 16-群馬県桐生市 17-広島県広島市

1-埼玉県川越市　2-高知県高知市｜日曜市　3-京都府京都市　4-神奈川県横浜市｜天王町商店街　5-神奈川県横浜市｜天王町商店街　6-神奈川県横浜市｜天王町商店街　7-東京都目黒区　8-東京都杉並区　9-岩手県久慈市　10-石川県輪島市｜輪島朝市

m-占拠

82 占める

一時的に「侵入者」が寺や道に押し寄せる。例えばそれは、フリーマーケットのために家から持ち出された不要品だったり、日曜市のテントだったりする。それらはまるで嵐のように訪れ、集合することで強い勢力を発揮し、遠慮なくその場所を埋め尽くしていく。占拠された場所は、いつもとはまったく違う表情を見せる。これでもかというほどずらりと立ち並んだその大胆な様相は、イベントの包容力を感じさせ、人を開放的な気分にさせる。その風景からは、人だけではなく、ものたちのガヤガヤとしたおしゃべりも聞こえてきそうだ。

1-新潟県十日町市｜越後松之山体験交流施設 三省ハウス 2-徳島県鳴門市｜徳島市中央卸売市場 3-大阪府大阪市｜名村造船所跡地 クリエイティブセンター大阪 4-東京都台東区｜上野公園 5-神奈川県横浜市｜天王町商店街 6-神奈川県横浜市｜天王町商店街 7-京都府京都市｜百万遍さんの手づくり市 8-東京都台東区｜上野公園 9-東京都新宿区｜花園神社

83 ところせまし

まるで隙間という隙間が許せないといったように、隅々までもので埋め尽くされた場所が存在する。そうした場所は、蓄積されたものの量に比例して、そこに流れてきた時間の長さや関わってきた人の数の膨大さを物語る。空間の明確な輪郭は失われ、蓄積されたものによって輪郭も中身も形づくられる。一見、無秩序に見える場合が多いが、その中にゆっくりと佇んでみると、不思議なバランス感覚で生まれたその場にしかない場所のルールがあることがわかる。圧倒されるような雑然とどこか安心できる整然さを併せもった空間は、人の手によってつくられた空間であるにもかかわらず、あたかも森のような秩序が感じられ、自然そのものに見える時がある。

1-長野県長野市｜川崎陶器店 2-東京都世田谷区｜D&DEPARTMENT TOKYO 3-高知県香南市｜おっこう屋 4-東京都台東区 5-高知県高知市｜ひろめ市場 6-広島県尾道市 7-長野県長野市｜団地堂 8-沖縄県那覇市

m-占拠

84 ヤドカリ

用途変更などによる建物や空間の再利用は、「コンバージョン」や「リノベーション」といった言葉ですっかりその存在を確立した。おしゃれなカフェにとどまらず、商業的な価値がなくなった駅ビルが図書館に転用されたり、元銭湯だった場所が駐車場として使われたりと、さまざまなかたちで実践されている。元の用途が捨て去られてヤドカリのように新たな活動が棲みついた空間は、教科書通りの使い方でなく、新たなオーナーや利用者による創意工夫が加わりながら自由に使われている。そこには「住めば都」という言葉のように、どうにか工夫して楽しくやっていこうとする人間の活力が感じられるとともに、その空間の質に合った新たな活動を見出したよろこびに溢れている。

85 インスタント

手持ち無沙汰と言いたくなるような公共スペースの数々。そのほったらかしになった空間に、ほんの少し何かを補完することで、たちまち使い勝手のよい場になることがある。あらかじめ計画されていなかったつけ足しのアイテムは少しアンバランスな印象を与えるが、タイルの模様を手がかりに場所を整えたり、既存のスペースに仮設のテントをぴったりと収めたりと、もとの空間になじむための配慮も見られる。こういったインスタントな活用事例は、場所の再利用の好例といえるかもしれない。

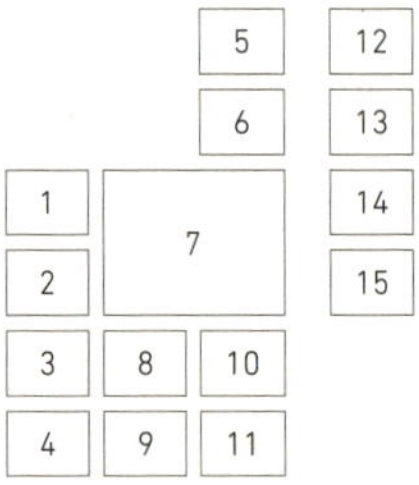

1-岩手県上閉伊郡大槌町 2-東京都世田谷区｜D&DEPARTMENT TOKYO 3-埼玉県北本市｜リビングルーム北本団地 4-山口県周南市｜徳山ステーションビル 5-東京都練馬区 6-兵庫県洲本市｜淡路島美術大学 7-香川県小豆郡小豆島町 8-京都府京都市｜京都芸術センター 9-東京都千代田区｜3331 Arts Chiyoda 10-新潟県十日町市｜越後松之山体験交流施設 三省ハウス 11-石川県金沢市｜金沢学生のまち市民交流館 12-岩手県釜石市｜きんてつジオラマカフェ 13-香川県小豆郡小豆島町｜福武ハウス 14-岩手県釜石市 15-長野県長野市｜ナノグラフィカ

m-占拠

86 机のある風景

机が置かれていると、たとえそこに人が居なくとも誰かが何かをしている光景が思い浮かんでくる。境内に置かれた沢山の将棋机からは熱い戦いの風景が立ち上がってくるし、ガランとした空間に置かれた大きな作業机からはものが生み出されるときの独特な熱気が伝わってくる。机の汚れ具合や取り囲む椅子の配置も、そこでの活動を感じさせる要因になる。風景の中に机があるだけで、そこから何か物語が始まりそうな生きた空間が生まれる。

1
2

1-京都府京都市｜新京極商店街
2-広島県広島市

1-宮崎県延岡市｜駅まちプロジェクト事務所 2-京都府亀岡市｜みずのき美術館 3-東京都新宿区 4-京都府京都市｜京都芸術センター 5-京都府亀岡市｜障害者支援施設 みずのき 6-岩手県南三陸町 7-兵庫県加古川市｜鶴林寺 8-岩手県釜石市 9-大阪府大阪市｜D&DEPARTMENT OSAKA 10-宮城県石巻市｜石巻工房 11-東京都渋谷区｜co-ba library 12-徳島県名西郡神山町｜神山バレー・サテライトオフィス・コンプレックス 13-広島県尾道市 14-静岡県浜松市｜浜松市鴨江別館 15-埼玉県さいたま市｜老人福祉センターあずま荘 16-東京都青梅市 17-島根県隠岐郡海士町 18-広島県広島市｜平和公園 19-島根県仁多郡奥出雲町｜雲州そろばん伝統産業会館 20-徳島県名西郡神山町 21-東京都台東区｜上野公園 22-京都府京都市｜スマート珈琲店 23-群馬県桐生市 24-山口県周南市｜徳山ステーションビル

m-占拠

87 偶然生まれた使われ方

屋外には室内家具のような用途にも利用できるアイテムが結構存在しているようで、それを人はなんの気なしに見つけて使っている。例えば、ガードレールや縁石はソファへ、ホームの柱は鞄をかけるフックへ、駅前の排気塔は飲み会のテーブルへと早変わりする。このように、本来の使われ方が工夫や知恵によっていい意味で裏切られると、ものの意味や表情まで真新しくなる。こうした使いこなし方からは、子供のような自由な発想力と無限の可能性を感じずにはいられない。

1-京都府京都市　2-石川県輪島市　3-東京都新宿区　4-京都府京都市｜百万遍さんの手づくり市　5-京都府京都市｜南禅寺　6-静岡県熱海市　7-新潟県新潟市｜本町市場　8-岐阜県高山市｜高山陣屋御役所　9-東京都文京区　10-千葉県香取市　11-島根県大田市｜温泉津駅　12-東京都台東区｜上野公園　13-京都府京都市　14-東京都台東区｜上野公園　15-東京都新宿区｜花園神社　16-岩手県久慈市｜道の駅くじやませ土風館　17-東京都台東区｜桜橋北詰はらっぱ　18-東京都世田谷区｜世田谷区役所　19-東京都新宿区

m-占拠

88 使いたおす

毎日、生き生きと使い続けられ、もので溢れている。そうして使いたおされた空間は、たとえそこに人がいなくても、先ほどまで人がいたかのような体温が感じられる。ものの置き方や組み合わせから、その空間が日々どのように使われているのかが伝わってくるからだろうか。さらに、どんな人が使っているかも想像できてしまうのは、その空間に人柄までもが映し出されているからかもしれない。そうした場所では、しばしば少し不思議なことも起こっている。例えば、消火栓の上に本がぎっしり積んであったり、バイクが停まっているすぐ横にふかふかのソファが置いてあったりするのだ。生活の生々しさや、「どんな風にでも使ってやろう」というエネルギーや心意気が伝わってくる。

1-愛知県名古屋市｜まちの縁側GOGO！ 2-長野県長野市｜ORCA 3-広島県尾道市｜三軒家アパートメント 4-島根県出雲市｜石橋酒蔵 5-宮崎県延岡市 6-徳島県鳴門市｜徳島市中央卸売市場 7-兵庫県洲本市｜cafe nafsha 8-沖縄県国頭郡本部町｜本部町営市場 9-京都府京都市｜恵文社一乗寺店 10-愛知県名古屋市｜まちの縁側GOGO！ 11-大阪府大阪市｜ピンポン食堂 12-徳島県鳴門市｜徳島市中央卸売市場 13-兵庫県洲本市｜淡路島美術大学 14-東京都渋谷区｜d47 MUSEUM 15-島根県出雲市｜石橋酒蔵

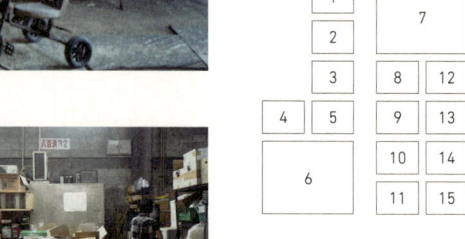

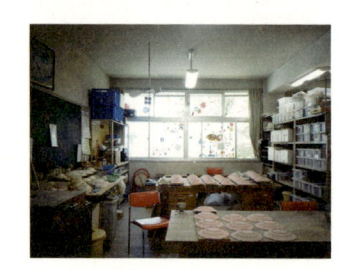

m-占拠

89 緑をまとう

建物が植物をまとっている。マフラーのように植物を巻いているようなものもあれば、目出し帽のようにすっぽりと植物をかぶっているものもある。もはや、植物と建物は時間をかけて溶け合い、一体となって、元とは別のかたちでまちに現れている場合もある。植物の塊へと変質してしまった緑の表面を見ていると、「もしかしてその奥には建物など無く、空っぽなのではないか……」などと、表面から奥にひそむものへとどんどん興味が深まっていく。まるで建物を栄養として、植物が成長しているようにも見えるからだろうか。

1-岐阜県郡上市 2-東京都小平市 3-東京都文京区 4-鳥取県倉吉市 5-東京都豊島区 6-京都府亀岡市 7-広島県広島市 8-香川県香川郡直島町 9-長野県長野市｜十念寺 10-愛媛県今治市 11-神奈川県鎌倉市 12-宮崎県延岡市 13-兵庫県洲本市 14-香川県小豆郡小豆島町

90 同じ方向を向く

多くの人びとが同じ方向を向いていると、風景に親密さが加わる。イベントで皆がステージを向いているような場合だけでなく、路上の食べ物屋で見知らぬ人同士が隣り合うことや、駅の待合室のベンチに座ること。あるいは、長いカウンターに並んで相談しているだけでもそんな感じがする。目的を同じにする人たちが似た体勢で同じ時間を過ごすことで、ある種の一体感が生まれるのだろうか。人の集まりが風景の一部となって、その場の統一感を生み出している。

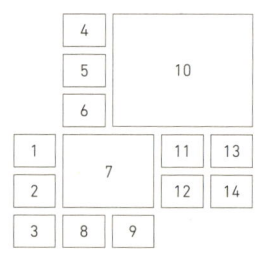

m-占拠／n-同調

1-京都府亀岡市｜みずのき美術館　2-千葉県香取市　3-新潟県上越市｜直江津駅　4-東京都台東区｜浅草寺　5-神奈川県川崎市｜明治大学　6-熊本県上益城郡山都町｜馬見原橋　7-新潟県長岡市｜シティホールプラザ「アオーレ長岡」　8-石川県金沢市｜金沢市民芸術村　9-東京都荒川区｜七五三通り　10-東京都新宿区｜花園神社　11-長野県長野市｜長野電鉄長野駅　12-長野県下高井郡野沢温泉村　13-石川県金沢市｜金沢海みらい図書館　14-京都府京都市｜無鄰庵

91 発見された眺め

寺院の本堂の基壇にちょこんと座って、フリーマーケット会場の群衆を眺めているおじさん。この場所で一番いい位置を確保しているのかもしれない。なぜなら、一段高い場所から眺めることで人の群れから心理的な距離を保てるから。何かをずっと眺めるためには、このような何かしらの装置が効いてくる。ほかにも、満開の桜の木の前に据えられた階段や線路のすぐ脇にあるベンチなどのように、何かを眺めるための舞台装置は、まちなかに自然にいくつも存在している。

1-東京都新宿区｜花園神社　2-東京都世田谷区｜羽根木公園　3-京都府京都市　4-京都府京都市｜百万遍さんの手づくり市

n-同調

92 斜めに適応

店先の椅子や塀の前の鉢植えなどを、坂道や階段のささら桁のような斜めの面に沿って置く。斜めに傾いたままで気にしていないような事例もあるが、小さな三角形の台座をつくって鉢を安定させたり、ベンチの脚を切って水平面を出したりするように、几帳面さを感じるケースもある。どちらの場合も、群としての見え方が強い。同じように斜めになったもの同士に関係性が生まれ、ある秩序ができ上がるからだろうか。斜めの方向に並べて停めた自転車にも、そんな秩序が感じられる。

1-島根県仁多郡奥出雲町｜雲州そろばん伝統産業会館　2-広島県尾道市　3-広島県尾道市　4-東京都新宿区　5-広島県尾道市　6-東京都練馬区　7-鳥取県岩美郡岩美町｜網代体育館　8-東京都新宿区　9-東京都台東区　10-広島県尾道市

93 木でつくる

木は、いつでも日常の傍らにある身近な素材だ。手に入りやすく、柔らかくしなやかで強く、生活を形づくる風景とは切っても切れない存在である。改めて見渡してみると、日本各地のどこへ行っても工芸品、家具、内装、外装、構造、塀など目に触れる要素の多くが木でつくられていることに驚く。木のもつ柔らかい色味や印象は私たちを和ませてもくれるし、いろいろな場所に木が使われていることで風景に統一感が生まれる。木の経年変化による色合いや時間の集積がつくり出す柔らかな風合いは、私たちの文化がこの木との絶え間ない対話の中で築かれてきた、という感銘を与えてくれる。

n-同調

1-島根県隠岐郡海士町｜海士町中央図書館　2-京都府京都市　3-東京都世田谷区｜羽根木プレーパーク　4-沖縄県八重山郡竹富町　5-鳥取県岩美郡岩美町　6-新潟県新潟市｜上古町商店街　7-島根県大田市　8-福井県勝山市　9-愛媛県西予市｜宇和米博物館　10-鳥取県鳥取市　11-香川県香川郡直島町　12-愛媛県松山市　13-鳥取県八頭郡八頭町　14-大分県別府市｜竹瓦温泉　15-鳥取県岩美郡岩美町　16-徳島県鳴門市　17-新潟県糸魚川市｜筒石漁港　18-鳥取県岩美郡岩美町　19-愛媛県喜多郡内子町　20-愛媛県八幡浜市｜八幡浜市立川之内小学校　21-島根県大田市

94 白くあること

積もりたての雪原やまっさらなキャンバスのように、白い空間には無限の可能性が満ち溢れているようだ。塗装やさまざまな素材により空間は色をまとうが、色は同時に意味をも与える。色には、それぞれに付随するイメージや視覚的な効果があるからだ。白は光の色そのものである。無垢で偏りのない光が求められる空間は、白をまとう傾向がある。空間そのものが、光に満ちた世界に同調する意志を示しているかのようである。

1-青森県青森市｜青森県立美術館　2-沖縄県国頭郡国頭村｜辺戸区公民館　3-兵庫県洲本市｜淡路島美術大学　4-京都府亀岡市｜みずのき美術館　5-新潟県新潟市　6-山形県鶴岡市　7-埼玉県入間市｜盛進学園 東野高等学校　8-高知県高知市｜沢田マンション　9-岐阜県高山市　10-青森県青森市｜青森県立美術館　11-宮城県本吉郡南三陸町　12-神奈川県鎌倉市　13-徳島県名西郡神山町｜神山バレー・サテライトオフィス・コンプレックス　14-福島県大沼郡金山町　15-静岡県浜松市｜浜松市鴨江別館　16-奈良県奈良市｜たかばたけ茶論

95 グレースケール

曇り空の下の雪景色を彷彿とさせるからだろうか。灰色の濃淡だけでできているような風景は、一見、冷たい印象を与えるかもしれない。しかし、グレースケールと呼ばれる灰色の濃度のグラデーションは、ときとしてあたたかみを感じさせることもある。単色の諧調のみで構成されたデリケートな色合いが、奥行きをもったゆたかな表情を生むからだろうか。または、光の存在を柔らかく浮かび上がらせるからだろうか。形や機能などさまざまな要素が混在している風景に統一感を与え、まとめ上げ、さらにゆたかな表情をつくることも忘れない。グレースケールは、デザイン手法の優等生的な存在なのかもしれない。

1-宮城県仙台市｜東北大学青葉山東キャンパス センタースクエア　2-愛知県名古屋市｜アートラボあいち　3-青森県五所川原市｜JR 五所川原駅　4-大阪府大阪市　5-島根県米子市　6-群馬県前橋市｜KYOAI COMMONS　7-宮城県仙台市｜東北大学都市・建築学専攻仮設校舎 KATAHIRA X　8-静岡県静岡市　9-青森県五所川原市　10-静岡県下田市｜旧澤村邸　11-青森県黒石市｜黒石市役所　12-鳥取県鳥取市

n-同調／o-光

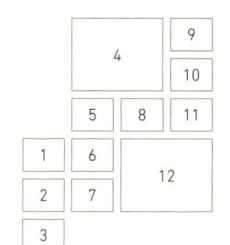

96 照明いらず

人工の光で照らされた空間は局所的に明るかったり、均質になりすぎたりするが、自然光に照らされた空間は、開口部からの距離にしたがって少しずつ変化するような、おだやかで不均質な光で満たされる。また、同じ明るさがずっと続く人工照明に対して、自然光は時間とともに移ろっていくし、雲の動きで断続的に明暗が変化する。室内の風景に光の移ろいを取り込んでみると、1日の時間のゆったりとした流れを感じる場所が生まれる。

0-光

1-広島県尾道市｜AIR CAFE　2-京都府京都市｜efish　3-新潟県糸魚川市｜筒石漁港　4-島根県出雲市｜旧大社駅　5-長野県上田市｜山荘旅館 緑屋吉右衛門　6-沖縄県国頭郡本部町｜本部町営市場　7-島根県仁多郡奥出雲町｜斐乃上荘　8-青森県三沢市｜JR 三沢駅　9-長野県上田市｜山荘旅館 緑屋吉右衛門　10-青森県弘前市｜弘前市役所　11-長野県長野市｜ORCA　12-石川県金沢市｜金沢海みらい図書館　13-島根県米子市｜皆生温泉 東光園　14-青森県黒石市　15-青森県弘前市｜弘前市役所　16-石川県金沢市｜Kapo　17-秋田県北秋田市｜JR 鷹巣駅　18-愛媛県八幡浜市｜八幡浜市立川之内小学校　19-大阪府大阪市｜D&DEPARTMENT OSAKA　20-兵庫県洲本市　21-佐賀県佐賀市｜佐賀駅　22-愛媛県今治市｜大三島ふるさと憩の家　23-新潟県十日町市｜レスト喫茶 ボルボ　24-石川県輪島市｜野草茶屋 寺々　25-沖縄県那覇市｜那覇市立城西小学校

97 光のそばに行きたがる

照明がほとんどついていない部屋の中に、窓からの光がじんわりとひろがっている。その光に誘われるようにして、自然と窓辺に人びとが佇み、あるいは家具が配置されている。仲のよさそうな友人同士のおしゃべりや気ままな読書などの佇まいは、陰影の柔らかなコントラストに合わせてコンパクトにまとまり、薄ぼんやりとした雰囲気と相まって親密な雰囲気を醸し出している。空間に人がまばらな状況で自らの居場所を決める時、光の量はひとつの拠りどころとなるのであろう。日々刻々と変化する光の動きと人びととの本能が、窓という装置を介して日常的に結びつけられている。

1-広島県尾道市｜AIR CAFE 2-熊本県熊本市｜熊本駅西口広場 3-山口県周南市｜徳山ステーションビル 4-福岡県福岡市 5-島根県益田市｜島根県芸術文化センター「グラントワ」 6-静岡県浜松市｜浜松市鴨江別館 7-秋田県北秋田市｜北秋田市鷹ノ巣駅前観光案内所 8-香川県小豆郡小豆島町｜ei CAFE 9-新潟県長岡市｜長岡駅

0-光

98 奥が明るい

奥の明るさがじわじわとひろがり、手前の空間の闇を溶かしつつあるような空間には、どことなく落ち着きがある。明るい空間が廊下の先にあると安心して進むことができるし、部屋の暗がりから明るい外の風景を眺めると落ち着いた気分で過ごせる。このように先が明るい場所に身を置くことは、まるで本能的な何かに訴えかけるかのように、心理的な安心感をもたらしてくれる。

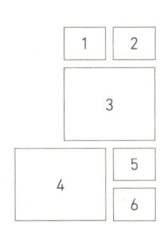

1-東京都小平市｜武蔵野美術大学　2-岩手県釜石市｜釜石商店街みんなの家 かだって　3-石川県金沢市｜E.N.N.　4-宮崎県延岡市｜延岡市社会教育センター　5-東京都台東区　6-大阪府大阪市｜D&DEPARTMENT OSAKA

99 穿たれた天井

トップライトやハイサイドライト、または吹抜けや階段室によって天井が穿たれることで、開口部から光がたっぷりと注ぎ込んでくる。その光は直下の部屋を満たすだけにとどまらず、拡散と反射を繰り返しながら、その部屋に隣り合う部屋にまでじわじわと入り込み、僅かに陰を残しながらも空間全体を柔らかく満たしていく。このように、頭上からの光によって部屋と部屋との関係を取り結び、空間全体を統合していくという形式は、建築の歴史の中で幾度となく繰り返されてきたものではあるが、やはり過去の先例、特に教会の事例がそうであるように、とても神々しく、天という概念を想起させる。天からの光で満たされた空間は、どれも清々しい。

100 あたたかい光

夜のまちに浮かび上がる光がオレンジ色っぽいとホッとする。そうしたあたたかみのある色の光は人を引きつけるような魅力を放っていて、灯っているだけで人がいることを示すサインのようだ。また、あたたかい色の光は「スポットライト」でもある。八百屋の店先のフルーツは鮮度を増しているように見え、ただお酒を飲んでいるおじさんですら、しぶい俳優のように見える。暗闇の中でぽっと灯るあたたかい光は、人びとの拠りどころをつくり、また、夜のまちを素敵に演出する。

1-東京都港区｜西町インターナショナルスクール　2-愛知県瀬戸市｜窯のひろば　3-京都府京都市｜ナインアワーズ京都　4-京都府京都市｜さらさ西陣　5-埼玉県入間市｜盈進学園 東野高等学校　6-東京都小平市｜武蔵野美術大学　7-東京都世田谷区｜D&DEPARTMENT TOKYO　8-神奈川県横浜市｜神奈川大学　9-岩手県大船渡市｜大船渡市民文化会館・市立図書館 リアスホール　10-神奈川県横浜市｜日の出スタジオ

1-東京都台東区　2-東京都世田谷区　3-宮崎県延岡市｜祇園町銀天街　4-東京都台東区　5-島根県松江市　6-高知県高知市　7-高知県高知市

101 片側からの光

部屋の一面を大きくあけ放って柔らかく日光を取り込む。光は穏やかな方向性をもち、部屋は明暗のグラデーションで染まる。その中で人は光に応じて自分の向く方向や居場所を決め、光と対話しながら過ごす時間をつくる。緻密な作業には不向きのライティングかもしれないが、ゆったりとした時間を過ごすには最高のものだ。片側から差す光は、観光地の駅の待合室やロビー、クリエイティビティを必要とするオフィスなどにとてもよく合っている。

1-新潟県十日町市｜越後松之山体験交流施設 三省ハウス 2-東京都小平市｜武蔵野美術大学 3-鳥取県倉吉市｜赤瓦六号館 桑田醤油醸造場 4-長野県上田市｜別所温泉駅 5-東京都文京区千石｜おとめ湯 6-宮城県石巻市｜イトナブ石巻 7-広島県尾道市 8-宮城県仙台市｜東北大学青葉山東キャンパス センタースクエア

o-光

102 明るい

春や夏の晴天の日。明るい日差しを受けて、まちがまぶしく光り輝く。強くはっきりした黒い影が、道や壁を覆って風景を変えていく。まるで道には黒い絨毯が敷かれたようで、壁にはカーテンがかかったように見える。一方で、光を受けた部分はハレーションを起こして真っ白になる。明るい日光は、風景を明／暗あるいは白／黒というふたつの世界に切り分け、リズミカルに再配置していく。目に映る景色は色鮮やかに見える時もあれば、モノトーンに見える時もあり、見え方そのものが状況に応じてリズミカルに変化する。

1-東京都豊島区 2-京都府京都市 3-沖縄県国頭郡国頭村｜宜名真共同店 4-高知県高知市｜日曜市 5-沖縄県那覇市｜那覇市立城西小学校

103 僅かな光

暗闇に僅かな光が差し込み、空間が突如として立ち現れる。まさに世界が光によって存在しているように感じさせる瞬間だ。光はさまざまなものを照射し、その存在を浮き彫りにする。光が僅かであればあるほど、照らし出された対象はデリケートな表情を見せる。古い床や壁に刻まれた小さな傷跡、コンクリートのひび割れや小さな埃などを僅かな光がなめる時、単に形態だけが見えてくるのではなく、空気の湿り気や場の痕跡までも感じさせる。

o-光

104 染みわたる光

柔らかな光が開口部から入り込み、ぼうっと室内を照らしている。それはまるで、空間に白い絵の具がにじんでいく途中の姿のようだ。そうした場所には、ほっとひと息ついてしまうようなやさしい静けさがある。置いてあるものも、なんとなく呆(ほう)けているように見える。染みわたる光はまるで毛布でくるまれた時のように、そこにいる人も置いてあるものもリラックスさせてくれるようだ。

1-島根県出雲市｜石橋酒蔵　2-長野県松本市　3-島根県出雲市｜旧大社駅　4-千葉県習志野市｜習志野市立秋津小学校　5-島根県仁多郡奥出雲町｜横田町農業振興センター　6-長崎県長崎市　7-新潟県糸魚川市｜筒石漁港　8-京都府京都市　9-島根県出雲市｜石橋酒蔵

105 反射

風景を内部空間へ取り込む方法は、開口による借景だけではない。光沢のある天井や床などの水平面に外の光を反射させることで、室内に風景を取り込むことができる。また反射面に映り込んだ柱やサッシュの方立などの垂直部材の端部が、ぼんやりとにじみながら消えてしまうからか、建物の重量感が感じられなくなって、室内の風景が軽やかな印象になる。屋外においても、雨に濡れた街路は空の明るさを反射したり、川や池などの水面は輝く夜景を反射したりしながら、辺りをほんのり明るくする。水平面の反射は表面的なものであるにもかかわらず、奥行き感を増長させ、さらにその奥行き感が風景を拡張させて、のびやかな印象を私たちに与える。

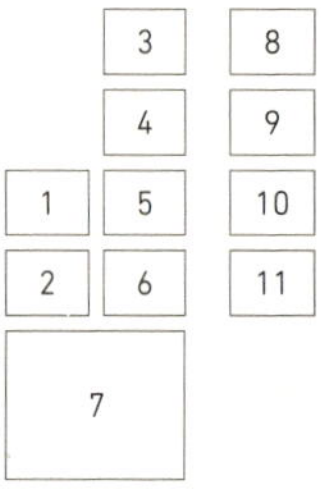

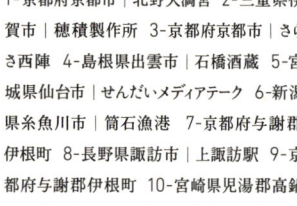

	3	8
	4	9
1	5	10
2	6	11
	7	

1-京都府京都市｜北野天満宮 2-三重県伊賀市｜穂積製作所 3-京都府京都市｜さらさ西陣 4-島根県出雲市｜石橋酒蔵 5-宮城県仙台市｜せんだいメディアテーク 6-新潟県糸魚川市｜筒石漁港 7-京都府与謝郡伊根町 8-長野県諏訪市｜上諏訪駅 9-京都府与謝郡伊根町 10-宮崎県児湯郡高鍋町｜高鍋駅 11-三重県伊勢市｜伊勢神宮

1-青森県弘前市｜弘前市民会館　2-香川県小豆郡土庄町｜島キッチン　3-大阪府大阪市　4-高知県高知市　5-愛媛県宇和島市｜木屋旅館　6-新潟県新潟市｜水の駅「ビュー福島潟」（潟博物館）　7-島根県隠岐郡海士町　8-長崎県佐世保市　9-北海道岩見沢市｜岩見沢駅　10-京都府京都市　11-佐賀県佐賀市｜佐賀駅　12-石川県金沢市｜金沢21世紀美術館

160
161

106 差し込む光

日光そのものを目で捉えることはできないが、日光が何かのものにぶつかった状態を見ることで、私たちはその輪郭を捉えることができる。小さな隙間からひと筋の光が差し込むような空間で、床や壁に輪郭がはっきりと浮かび上がっているのがそうした例のひとつだろう。また、木漏れ日の落ちる場所や建物の隙間から光が注ぐ路地に出合うと、光の存在をありありと感じる。また、波板でできたトップライトから柔らかく光がこぼれ落ちる薄暗いガレージや倉庫、高い窓から光が繊細に降り注ぐ教会の内部などは、ゆったりとそこに佇む光の姿を目撃できる現場であり、私たちはその存在をはっきりと認識することができる。

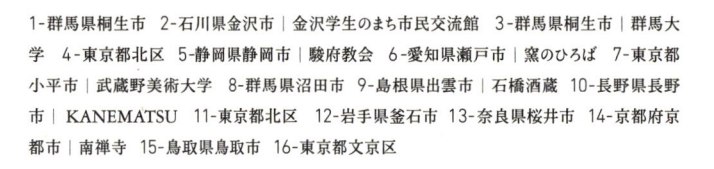

1-群馬県桐生市 2-石川県金沢市｜金沢学生のまち市民交流館 3-群馬県桐生市｜群馬大学 4-東京都北区 5-静岡県静岡市｜駿府教会 6-愛知県瀬戸市｜窯のひろば 7-東京都小平市｜武蔵野美術大学 8-群馬県沼田市 9-島根県出雲市｜石橋酒蔵 10-長野県長野市｜KANEMATSU 11-東京都北区 12-岩手県釜石市 13-奈良県桜井市 14-京都府京都市｜南禅寺 15-鳥取県鳥取市 16-東京都文京区

o-光／p-影

107 影がちらちら

日差しが強い日は、影のある場所へと自然に身体が動いてしまう。影の下は地面がひんやりして冷たい風が流れ、気持ちがよいことを私たちは当たり前のように知っている。わざわざ言葉にする必要のないような心地よさを求める身体的欲求は、つい何か美しいものを目で追い求めてしまう視覚的欲求とシンクロしているようである。なにげなく撮影した風景の写真には、居心地のよさそうな美しい影を撮ったものが多い。根源的と評される建築のエレメントもまた、心地よく機能的であると同時に美しいものだ。

p-影

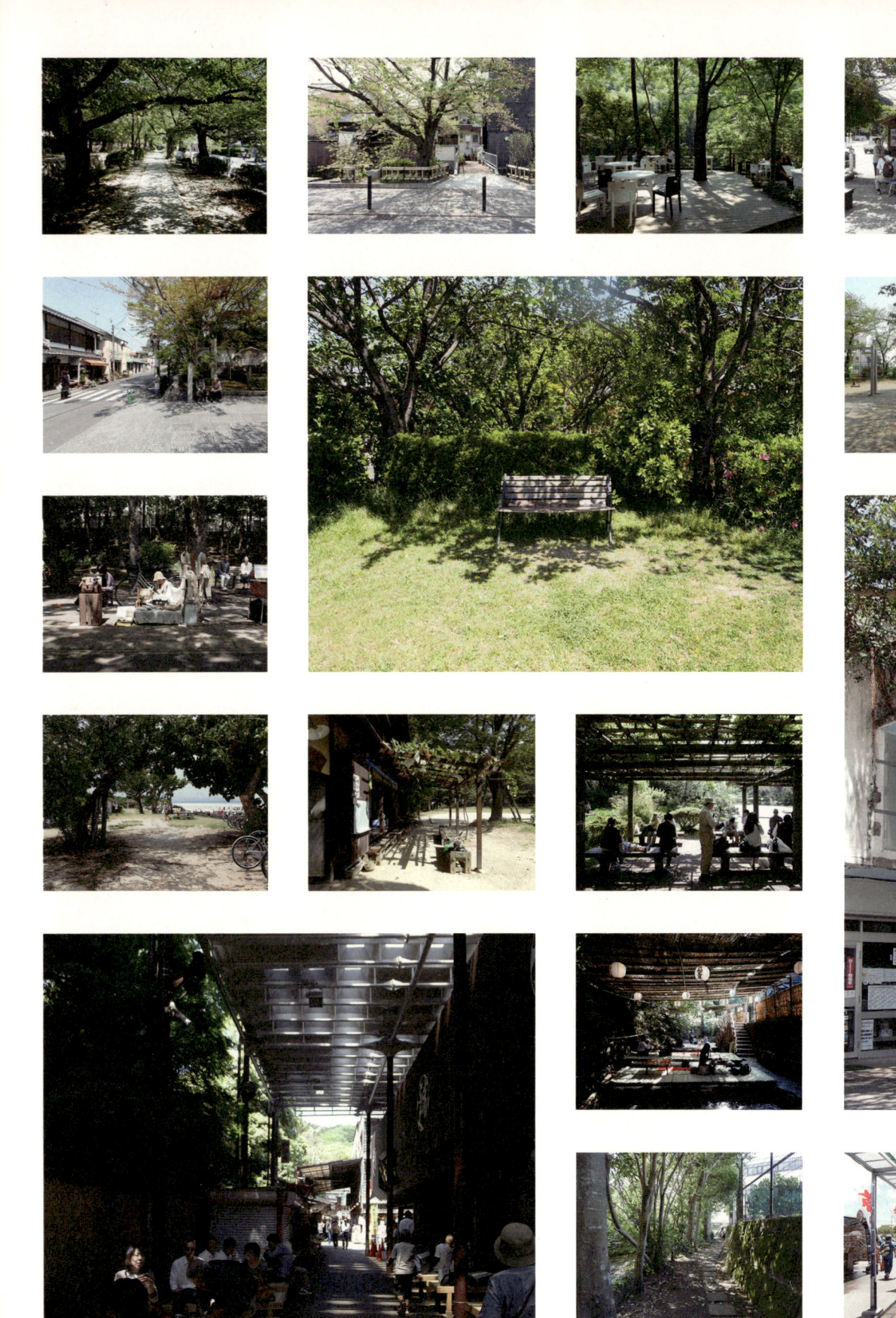

164
165

108 影が呼ぶ

木やテント、軒下などのさまざまな影の中に、人だけでなく牛や亀も休んでいる。さらには小屋や車、ベンチ、遊具までもが影の中で休んでいるように見える。私たちは皆、気温が高く天気のいい日に、影の中にいる気持ちよさを知っている。人工のものであれ、自然のものであれ、日光を遮ることで生まれた影の中は、涼しく、風が通り抜ける気持ちよい空間をつくり出してくれる。人間も動物も小屋も車も等しく、その素晴らしい休み心地に自然と導かれているのだろうか。

1-高知県高知市｜日曜市　2-岐阜県高山市　3-静岡県伊東市　4-東京都新宿区｜新宿御苑　5-静岡県三島市　6-長崎県佐世保市　7-京都府京都市｜哲学の道　8-京都府京都市　9-東京都武蔵野市｜井の頭公園　10-沖縄県八重山郡竹富町｜コンドイビーチ　11-三重県伊勢市　12-京都府京都市　13-愛媛県喜多郡内子町｜内子フレッシュパークからり　14-東京都日野市　15-愛知豊田市　16-神奈川県横浜市　17-京都府京都市｜貴船茶屋　18-静岡県三島市　19-島根県大田市　20-千葉県船橋市　21-京都府京都市｜無鄰庵　22-東京都青海市　23-沖縄県国頭郡国頭村｜宜名真共同店　24-沖縄県糸満市　25-東京都武蔵市｜井の頭公園　26-東京都台東区｜上野公園　27-石川県輪島市　28-東京都新宿区｜花園神社　29-東京都港区｜西町インターナショナルスクール　30-東京都武蔵野市｜井の頭公園　31-東京都世田谷区｜羽根木公園

p-影

166
167

p-影

168
169

1-青森県弘前市　2-沖縄県国頭郡国頭村｜宜名真共同店　3-福岡県柳川市　4-神奈川県横浜市　5-福岡県柳川市　6-栃木県日光市　7-長野県上田市　8-長崎県長崎市　9-福井市大野市｜七間朝市　10-静岡県伊東市　11-東京都武蔵野市｜井の頭公園　12-香川県小豆郡小豆島町｜Umaki Camp　13-沖縄県糸満市　14-鳥取県岩美郡岩美町｜田後港　15-高知県高岡郡中土佐町｜久礼大正市場　16-愛媛県今治市｜今治市しまなみふれあい交流館　17-長野県小布施町｜小布施町小中学校　18-東京都青海市　19-徳島県勝浦郡上勝町　20-東京都台東区　21-高知県高知市｜日曜市　22-福岡県柳川市　23-島根県大田市　24-愛知県豊田市　25-神奈川県横浜市｜洪福寺松原商店街　26-高知県高岡郡中土佐町｜久礼港　27-兵庫県姫路市　28-京都府京都市｜南禅寺　29-岩手県遠野市　30-岐阜県高山市｜高山陣屋御役所　31-石川県輪島市　32-京都府亀岡市　33-宮崎県延岡市｜サンロード栄町　34-京都府京都市　35-京都府与謝郡伊根町　36-香川県小豆郡土庄町　37-東京都青梅市｜御嶽駅　38-大分県豊後高田市　39-宮崎県延岡市　40-京都府京都市｜叡山電鉄株式会社　41-島根県大田市　42-群馬県利根郡みなかみ町　43-高知県高知市｜日曜市　44-鳥取県岩美郡岩美町　45-徳島県名西郡神山町　46-千葉県八千代市　47-沖縄県八重山郡竹富町

p-影

109 建物がつくる影

息抜きする時には、外に出たくなる。外で光や風を楽しむことは、私たちの生活になくてはならないものだ。そんな時、ピロティなんかがあると最高だ。半外部で日陰や景色を楽しめるだけでなく、建具などで空間が閉ざされていないので、風をじかに感じて大きな開放感を得ることができる。そんな誰もが過ごしたくなる半屋外の空間には、椅子や机が置かれていることが多い。そこでは季節や天候、時間の変化を感じ取りながら、ゆっくりとした時間を過ごしている様子がうかがえて、見ているだけでも楽しい。

1-静岡県伊東市　2-広島県広島市｜広島ピースセンター　3-沖縄県国頭郡本部町｜本部町営市場　4-京都府与謝郡伊根町｜台湾茶専門店 青竈　5-島根県出雲市

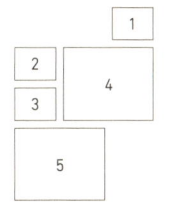

110 大屋根

広さを要する作業場、日差しや雨から舟を守る舟小屋、あるいは屋外のイベント会場や休憩スペースなど。そのような空間では、大きな屋根を架けることで直射日光を遮り、水平に開口をつくることで作業に必要な明るさと風を得る。また壁がない分、建設コストが安いためか、そこで行われるアクティビティの量に対してゆったりとつくられているものが多い。機械や作業台、ものが余裕をもって置かれている様子に独自の清々しさを感じる。

1-沖縄県国頭郡本部町｜本部町営市場　2-群馬県桐生市　3-三重県伊賀市｜穂積製作所　4-高知県高岡郡中土佐町｜久礼港　5-京都府与謝郡伊根町　6-三重県伊賀市｜穂積製作所

p-影

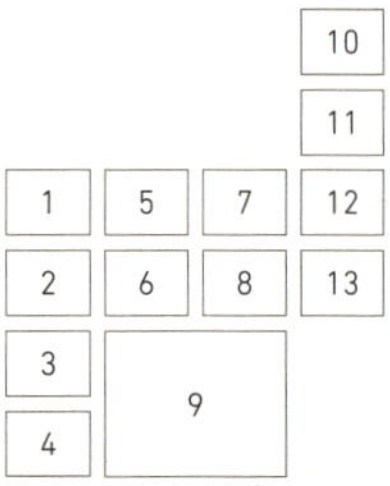

111 何かの下に入り込む

橋の下でひと休みする人びとだけでなく、木陰に駐車された車や庇の下のベンチですら、何かの下にこぢんまりと収まっているものには、ホッとひと安心しているかのような表情が見られる。何かの下に入り込むという行為は、雨宿りの軒下のように、避難場所のようなイメージを思い起こさせるからだろうか。偶然に見出された場所であっても絶対的な信頼をもって使えたり、多少小さくても全面的に身を任せたりできてしまうものだ。

1-東京都多摩市｜からきだ菖蒲館　2-石川県輪島市　3-長野県諏訪郡下諏訪町　4-沖縄県八重山郡竹富町　5-鳥取県倉吉市　6-東京都千代田区　7-東京都中央区　8-宮城県仙台市｜東北大学青葉山東キャンパス センタースクエア　9-広島県尾道市　10-香川県小豆郡小豆島町　11-神奈川県横浜市　12-神奈川県鎌倉市　13-熊本県上益城郡山都町｜馬見原橋

112 少し持ち上げる

地面から少し高く持ち上げる。少しだけ持ち上げられた平場は、まるでステージのようである。単なる空き地が立派な舞台へと生まれ変わり、広場に持ち上げられたテラスは誰かが踊り出すのを待ち構えているようだ。植木鉢だって少し持ち上げられるだけで、花壇というステージに立つ役者のようだ。少し持ち上げることは、その場所を「見られる場所」にし、そこにいる人やものまでを「演者」にする力がある。

1-東京都世田谷区｜駒沢オリンピック公園　2-島根県隠岐郡海士町　3-東京都新宿区｜花園神社　4-東京都日野市　5-大阪府大阪市｜からほり御屋敷再生複合ショップ 練　6-石川県金沢市　7-新潟県新潟市｜上古町商店街　8-徳島県名西郡神山町｜神山センター えんがわオフィス　9-愛媛県今治市　10-京都府京都市

q-かたちあそび

113 一文字

水平をとる。ものを重力に抗って配置する際の基本であり、最も難しい作法のひとつである。そもそも水平がとれているかを判断できる目があるかどうか、配置されるものの自重によるたわみを考慮できているかどうか、周辺にあるいくつもの線に対し、新たに引く線が最も美しく見えるかどうか。いくつもの判断が正確に下されたものだけが、私たちに感動を呼び起こす。ゴミ収集所のネットや祭りの飾りつけなど、普段は丁寧に取り扱われていないものがそのように美しく配置されていると、その感動はなおさらだ。そうした配置がなされたものを風景の中で目の当たりにすると、背筋がキリッとのびる思いがする。

1-埼玉県さいたま市　2-栃木県宇都宮市｜宇都宮市立豊郷北小学校　3-奈良県奈良市

114 斜めのスパイス

風景を認識する時、もしくは風景を計画する時、私たちは自然に水平と垂直を基調としながら考えているようである。それ故か、そこに鋭い角度で斜めの要素が差し込まれていると、その風景が動きをもったように感じられる。実際には動かなくても、人や空気や力などの流れを感じ取ることができるようになる。省スペースをねらって発案された斜めの自転車ラックに置かれた踊り出しそうな自転車たち、静かな森の中を突き抜けるケーブルカー。あるいは、鮮やかな色で塗装された鉄骨階段などが斜めに差し込まれたまちなかの風景には、まるで静かだった部屋に突然音楽がかかったかのように、生き生きとしたリズムが生まれているようだ。

1-福岡県柳川市 2-東京都文京区｜根津神社 3-新潟県十日町市 4-新潟県糸魚川市｜筒石漁港 5-東京都日野市 6-東京都豊島区 7-東京都新宿区 8-東京都青梅市 9-新潟県十日町市 10-東京都青梅市

q-かたちあそび

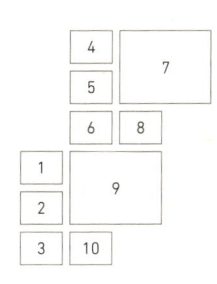

115 さけるチーズ

ひとつの固まりを「さけるチーズ」のようにツーッとさき、本体とは異なる用途を発生させる。建築や地面が実際に動くわけではないが、ときにはさけている最中の動きを感じさせるような形のものがある。例えば、バルコニーの一部がさけ、ニュッと地面に降りているかのように見える階段のボリュームや、道の一部がさけて、ムクムクッと起き上がっているように見える坂道は、繋がらなかった場所に腕をのばして私たちを運んでくれるかのようだ。そのような階段や坂道といった動線の存在が、動くことのない景色を生き生きとさせる。

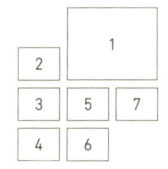

1-高知県高知市｜沢田マンション 2-長崎県長崎市 3-広島県広島市｜RCC文化センター 4-沖縄県国頭郡国頭村｜宜名真共同店 5-新潟県十日町市｜まつだい駅 6-長崎県長崎市 7-高知県高知市｜沢田マンション

116 差し色

いるだけでパッとまわりの雰囲気が華やかになるような、存在感のある人。差し色はそんな人に似ている。どちらかというと地味な色が多い風景の中で、鮮やかな色がアクセントとして働く。テントや壁に描かれたラインや模様が目に飛び込んでくることもあれば、屋根や手摺などの建築の中にある要素が差し色になっていることもある。ちなみに建築的な要素の場合は、塗料でコーティングする必要のある金属系のものが多いようだ。さらには作業道具などのように置かれているものがたまたま差し色になっていることもある。まるで絵に気の利いた色を筆で置くかのように、風景に華が添えられる。それらは風景を引き締め、少しだけ全体を明るくする。

117 朱

朱色は、神社建築などにおいて象徴的に使われてきた色である。魔除けの色、神が宿る色など、その色に込められた意味はさまざまであろうが、現代の都市部においても鳥居などで目に触れる機会が多くあり、結界をつくる色として私たちに広く認識されている。また、山が深く、緑の色相が強い日本の風景において朱色を差すということは、風景に強い色のコントラストをつくり出し、その存在をひときわ目立たせ、強い印象を残す。下町ではその地域で用意する防火用水のバケツやのぼりに利用されるように時代の流れの中で増幅し、または形を変えながら、道行く人の視線を引きつけ、大切な領域があることを印象づける色彩として、朱色は生き続けている。

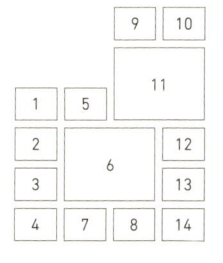

1-鳥取県鳥取市　2-鳥取県岩美郡岩美町　3-新潟県十日町市｜十日町駅商店街　4-愛媛県今治市　5-鳥取県岩美郡岩美町　6-熊本県熊本市｜熊本市営託麻団地　7-新潟県糸魚川市｜筒石漁港　8-宮崎県延岡市｜今山八幡宮　9-新潟県上越市｜越後高田雁木通り　10-鳥取県鳥取市｜川端商店街　11-長野県長野市｜長野電鉄権堂駅　12-新潟県十日町市　13-島根県松江市　14-鳥取県八頭郡若桜町｜若桜駅

r-色

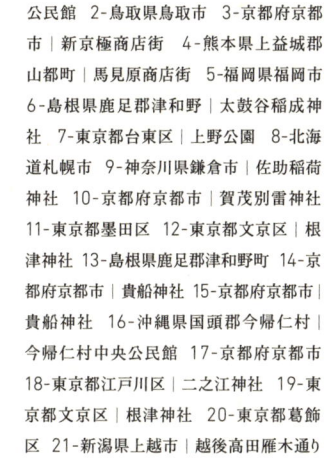

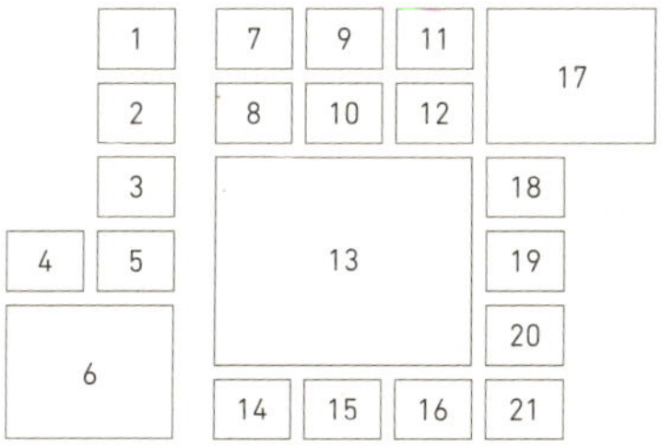

118 同じ色で揃える

クラスみんなで同じ色のTシャツを着るとチームとしての一体感が強まるように、何かを同じ色で揃えるというのは、簡単な操作でありながら複雑な問題を解決してくれる魔法のような手法かもしれない。この手法には、パラソルと椅子のように異なるものを同じ色で揃えて統一感を出す、または連なるのぼりのように同じものを一色に染め上げることで存在感を強調するというふたつのやり方がある。方法は違えども、同じ色で揃えられた空間にはちょっとした盛り上がりがある。

1-沖縄県国頭郡今帰仁村｜今帰仁村中央公民館　2-鳥取県鳥取市　3-京都府京都市｜新京極商店街　4-熊本県上益城郡山都町｜馬見原商店街　5-福岡県福岡市　6-島根県鹿足郡津和野｜太鼓谷稲成神社　7-東京都台東区｜上野公園　8-北海道札幌市　9-神奈川県鎌倉市｜佐助稲荷神社　10-京都府京都市｜賀茂別雷神社　11-東京都墨田区　12-東京都文京区｜根津神社　13-島根県鹿足郡津和野町　14-京都府京都市｜貴船神社　15-京都府京都市｜貴船神社　16-沖縄県国頭郡今帰仁村｜今帰仁村中央公民館　17-京都府京都市　18-東京都江戸川区｜二之江神社　19-東京都文京区｜根津神社　20-東京都葛飾区　21-新潟県上越市｜越後高田雁木通り

r-色

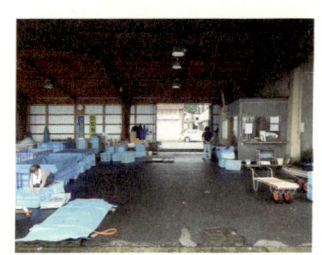

1-徳島県三好市　2-宮崎県延岡市｜山下新天街商店街　3-島根県松江市　4-徳島県徳島市｜新町商店街　5-東京都新宿区｜花園神社　6-島根県松江市　7-福井県大野市　8-長崎県佐世保市｜戸尾市場　9-徳島県鳴門市｜徳島市中央卸売市場　10-千葉県船橋市｜日本大学理工学部船橋キャンパス　11-石川県珠洲市　12-島根県松江市　13-京都府京都市　14-大阪府大阪市｜D&DEPARTMENT OSAKA　15-熊本県上益城郡山都町｜馬見原商店街　16-新潟県糸魚川市｜筒石漁港　17-愛媛県今治市　18-宮崎県延岡市　19-石川県羽咋市｜海の家今浜　20-宮崎県延岡市｜喜楽湯　21-宮崎県延岡市｜喜楽湯　22-高知県高知市｜日曜市　23-青森県東津軽郡外ヶ浜町｜三厩漁港　24-長崎県長崎市　25-群馬県桐生市

119 二色か三色

一色ではなく二色でまとめる。ある程度の統一感を保ちつつ、単調さを避けることができる。派手・地味といった役割の違いによって関係性をつくったり、色同士の調和によって一体的にも分散的にも自在にバランスをつくったりすることができる。例えば、骨董品の下に敷かれた赤い毛氈(もうせん)は、その上に仮設的な屋根として架けられたブルーシートの安っぽさを色の調和によって中和しているようだ。また駅の待合室に並ぶ椅子はブロックごとに色を分けることで路線の違いを意味しているのだが、ついでに同じものの繰り返しがつくる単調さを和らげている。二色、または三色という少ない色数で場がまとまっている風景は、バランスよく見えることが多い。

r-色

120 極彩

多種多様な野菜、大量生産された中で個々の存在を色で主張する製品、それらにつけられた値札やPOP広告……。それらが圧倒的な色の群れとなって、目に飛び込んでくる。「ガラパゴス」の極みが結実したようなその光景は、ときにギラギラとたかれた照明に照らされて鮮やかに輝いている。それらは東洋的、仏教的なセンスによってサイケデリックな配色で統合されたようにも見え、全体として強烈なインパクトを放っており、ものだけでにぎわいを創出しているかのようだ。それを目の当たりにした客の気分は高揚し、ときに幻覚にとらわれたかのような気になって、正常な判断がつかないまま、なんでもかんでも買ってしまいそうになる。それが極彩の戦略だ。

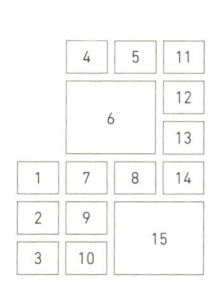

1-新潟県新潟市　2-岩手県遠野市　3-沖縄県国頭郡本部町　4-新潟県十日町市｜越後妻有交流館 キナーレ　5-香川県高松市｜片原町商店街　6-兵庫県洲本市｜淡路島美術大学　7-高知県高知市｜日曜市　8-東京都文京区　9-沖縄県豊見城市｜豊見城市観光プラザ てぃぐま館　10-沖縄県八重山郡竹富町　11-鳥取県鳥取市　12-青森県五所川原市｜JR 五所川原駅　13-沖縄県八重山郡竹富町　14-埼玉県川越市　15-徳島県鳴門市

r-色／s-よせあつめ

121 雪崩のような溢れ出し

開店と同時に、「見てくれ、見てくれ」とばかりにドドドッと雪崩のように溢れ出してきた商品群。看板や建物よりも目立ち、溢れ出した状況そのものが広告となるような存在感を醸し出している。ときに公共空間にまではみ出して商売を展開しようとする商品が生み出すラフな空気感は、大声でフレンドリーに話しかけてくるおばさんのような親しみやすさに似ていて、同じように行き交う人びとに大きな声で話しかけているかのようだ。たとえ怒られても気にせず、ルールにとらわれずに創意工夫をこらした溢れ出しは、まちを活気づける大切な要素だ。

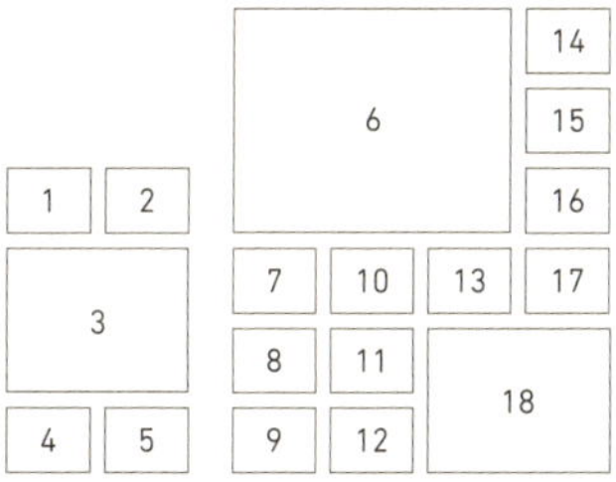

1-石川県金沢市｜近江町市場 2-石川県金沢市｜近江町市場 3-大阪府大阪市｜空堀商店街 4-沖縄県那覇市｜市場本通り 5-大阪府大阪市｜スーパー玉出 6-大阪府大阪市｜天神橋筋商店街 7-東京都世田谷区 8-群馬県桐生市 9-神奈川県鎌倉市 10-沖縄県那覇市｜市場本通り 11-東京都新宿区｜花園神社 12-石川県金沢市｜近江町市場 13-高知県高知市 14-長野県長野市｜権堂アーケード 15-大阪府大阪市｜空堀商店街 16-東京都葛飾区 17-東京都青梅市 18-宮崎県延岡市｜山下新天街商店街

1-沖縄県石垣市｜ユーグレナモール　2-香川県坂出市　3-石川県金沢市｜近江町市場　4-東京都台東区｜アメヤ横丁　5-石川県金沢市｜近江町市場　6-高知県高知市｜日曜市　7-神奈川県横浜市｜洪福寺松原商店街　8-神奈川県横浜市｜洪福寺松原商店街　9-東京都台東区　10-東京都世田谷区　11-新潟県新潟市　12-東京都台東区　13-長野県長野市｜団地堂　14-沖縄県那覇市｜第一牧志公設市場　15-埼玉県川越市｜菓子屋横町　16-東京都新宿区｜花園神社　17-東京都台東区｜アメヤ横丁

S-よせあつめ

122 細かいものの集合

「塵も積もれば山となる」ということわざのように、ひとつひとつは小さくささやかなものがたくさん寄り集まって、ひとかたまりの大きな量塊となっている。単に積み上げられたり、階段状の基壇に集合写真のように列を組んだり、張りめぐらされた糸にひたすら結び止められたりと、集合の仕方はさまざまである。まとまった時の形がある程度、想定されて集められながらも、ひとつひとつの粒がその中で自由にふるまっている。それらの粒がその集合に埋もれず、できる限り見えるような工夫がなされていることも特徴的だ。そうして、この量塊はどこかやさしく、そして柔らかな形として、風景の中に現れている。

1-京都府亀岡市 2-埼玉県さいたま市｜氷川神社 3-島根県出雲市｜出雲大社 4-京都府亀岡市｜トロッコ亀岡駅 5-神奈川県鎌倉市 6-沖縄県那覇市 7-埼玉県さいたま市 8-佐賀県伊万里市 9-広島県尾道市

123 つけ足しペタペタ

「カスタマイズ欲」というものは誰にでもあるのではないかと思う。パソコンにシールを貼ったり、バッグにキーホルダーをつけたりと、なんでも自分好みのテイストにつくり変えたくなるものだ。空間も、ときにこうした欲望の対象になっているようだ。ペタペタと貼られる看板やポスター、貼り紙でカスタマイズされた空間には、その持ち主の愛着と、ときには執着心も感じられる。また、どんどん外壁や内壁の表情が変わっていく様子を見ていると、空間が次々と服を取り替えているような印象を受ける。貼り方のリズムや色の組み合わせは、コーディネートの腕の見せ所。見る人を楽しませるべく、ときにはやりすぎを演出することもありえるのだ。

1-京都府京都市　2-京都府与謝郡伊根町　3-神奈川県鎌倉市　4-徳島県三好市　5-静岡県下田市　6-広島県尾道市　7-新潟県新潟市　8-東京都千代田区　9-東京都台東区｜東京藝術大学　10-高知県香南市｜おっこう屋　11-香川県小豆郡小豆島町　12-大分県豊後高田市　13-神奈川県鎌倉市　14-愛媛県松山市｜銀天街

s-よせあつめ

124 パッチワーク

いろいろなパーツがつぎはぎにされ、どれも突出せずにひとつの面に収まっている。素材、色、質感、大きさ、古さなど、収められたパーツは多様で、その規模もさまざまである。一見、無秩序で偶発的にも見えるその独特のコンポジションは、時々の問題を解決するために、小さなパーツを足しながら建物を使い続けようとする人びとの営みの痕跡であり、日々の生活の改変を試みる人びとの欲求の表れでもあるだろう。それぞれに独自の平衡状態が保たれている。私たちはそこに時間の蓄積を感じるとともに、まだ見ぬ完成形を想像する。それは不完全なものの集まりのようでありながら、とてもエネルギーに満ちている。

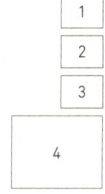

1-新潟県糸魚川市｜筒石漁港　2-新潟県上越市　3-新潟県新潟市　4-新潟県新潟市　5-新潟県十日町市　6-鳥取県倉吉市

125 アタッチメント

屋上などの屋外スペースに物干し台といった工作物が自在に増築されている姿は、なんとものびやかで格好いい。あるいは、これでもかと大きくつくられた付け庇にも感心するものが多い。そうした増築物はたいてい大きく外部にあけ放たれて、いかにも気持ちよさそうだ。洗濯物まで、気持ちよさそうにはためいている。構造計算などはおかまいなしといった体で、経験値だけで生まれたような軽やかで繊細なつくりは、大工と施主の信頼関係があってこその成果物なのかもしれない。また、物干し台や付け庇など主空間の機能を拡張するものが、必要最小限の部材のみで的確に構築されている様子には、即物的な造形美を感じずにはいられない。

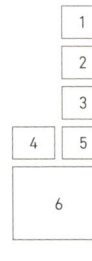

1	
2	
3	
4	5
6	

1-奈良県桜井市 2-静岡県三島市｜三嶋大社 3-長野県諏訪市 4-徳島県名西郡神山町 5-岩手県釜石市 6-長野県松本市

S-よせあつめ

126 よせあつめ

バラバラなものがひとつの空間の中に寄せ集められて、その空間の雰囲気をつくっている。幕の内弁当のおかずのように、どれかが突出することなく、妙なバランス感で保たれている。勝手気ままに置かれているようで、それぞれのもの同士の間にささやかな関係が生まれているからであろうか。あるいは、それぞれの置かれる場所の性格や特徴が的確に読み取られながら、配置されているからであろうか。そうした空間には、一見チグハグともいえる組み合わせになったとしても、気にも留めずに受け止めるような寛容さがある。その寛容な空間は、時間の経過による変化も許容し、新しいものが追加されたり、別のものに置き換わったりといった日常的な変化を、少しずつバランスを取りながら受け入れていくようだ。

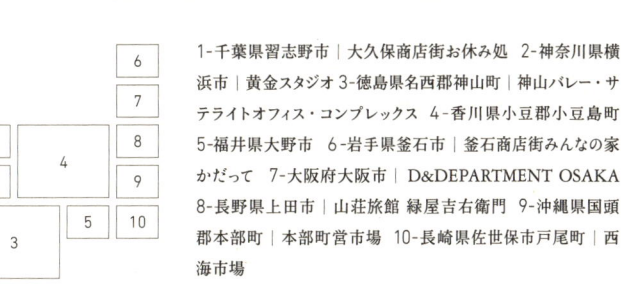

1-千葉県習志野市｜大久保商店街お休み処　2-神奈川県横浜市｜黄金スタジオ　3-徳島県名西郡神山町｜神山バレー・サテライトオフィス・コンプレックス　4-香川県小豆郡小豆島町　5-福井県大野市　6-岩手県釜石市｜釜石商店街みんなの家かだって　7-大阪府大阪市｜D&DEPARTMENT OSAKA　8-長野県上田市｜山荘旅館 緑屋吉右衛門　9-沖縄県国頭郡本部町｜本部町営市場　10-長崎県佐世保市戸尾町｜西海市場

127 空き地に集まる

子どもの頃、空き地で日が沈むまで遊ぶのは本当に楽しいものだった。遊び場所の空き地は遊具があらかじめ用意されているような場所ではなく、雑草が生えるだけの質素な空間がほとんどだったのではないだろうか。そうした空き地にこそ創造力をかき立て、何かを始めたくなるような包容力があるのかもしれない。都会の中で自由に使える空き地などなかなか見つからないが、地方ではまだまだ空き地らしい空き地が見つかる。面白いのは、そうした空き地が最近では、子どもだけでなく大人のまち遊びの場として使われ始めていることだ。

1-広島県尾道市　2-神奈川県神奈川市　3-岩手県上閉伊郡大槌町｜森の図書館　4-大分県豊後高田市　5-長野県長野市　6-沖縄県名護市｜名護市役所　7-長野県諏訪郡下諏訪町　8-大阪府大阪市｜谷町空庭　9-広島県尾道市　10-広島県尾道市｜三軒家アパートメント　11-大阪府大阪市　12-東京都目黒区｜別所坂児童遊園

s-よせあつめ／t-みち

128 細い道を抜けると

かろうじてすれ違うことができる程度の狭い路地。まちの裏側の細長い空間は人通りが少なく、プライベートな雰囲気を帯びていて、奥に入り込むにしたがって、自分だけの道のような感じがする。さらに、両側に高い塀があって視界が限定されていると、自分が今、どこに立っているのかわからなくなって、その非日常の状況から気持ちは高揚し、微かに見える道を抜けた先に対する期待感が膨らんでいく。メインストリートの裏にひっそりと通う細い道は、いつでもドラマチックなものだ。

129 アテ

道の先にひょっこり見えていたり、どんと構える何かがある。そこまでの道のりは、その対象に向かうアプローチのように見える場合もあれば、反対に行く手がふさがれているようにも見える。いずれの場合も、その対象は1本の道の先に置かれた目印のようなものとなっている。この目印があることで、自分のいる位置とそこまでの間に距離感が生まれ、ひとつのスケールをもった新しい空間が浮かび上がってくる。そのスケールを確かめるように私たちはまた歩を進めていく。

1-群馬県桐生市　2-群馬県桐生市　3-京都府京都市　4-群馬県桐生市　5-神奈川県鎌倉市　6-愛媛県今治市　7-鳥取県倉吉市

t-みち

1-高知県室戸市　2-鳥取県八頭郡若桜町　3-千葉県香取市　4-新潟県新潟市｜上古町商店街　5-大阪府大阪市　6-京都府亀岡市｜みずのき美術館　7-鳥取県倉吉市　8-神奈川県鎌倉市　9-京都府京都市｜新京極商店街　10-新潟県新潟市　11-愛知県蒲郡市　12-石川県輪島市　13-長野県上高井郡小布施町　14-沖縄県国頭郡本部町　15-京都府京都市　16-愛知県蒲郡市

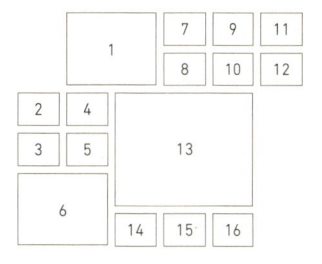

130 渡し

人ひとりしか渡れないぐらいの幅の狭い橋が、小さな川の上にちょこんと架け渡してある。日本庭園において必須のアイテムともいえるミニチュアのような小さな橋は、最小限の設えであればあるほど、橋としての魅力が増すようだ。身体のスケールに近いそれらは、ときに手摺すらなく、つくりがいい加減な場合もあるが、「渡る」という行為がそのまま形になったかのように軽やかで、自らの存在を主張することなく、ただ川の向こうへと人の視線を向けさせる。優れたグラフィックや絵画が視線を心地よく泳がせるように、小さな橋が風景の中に心地よい視線の流れをつくり出し、奥行きのあるゆたかな風景をつくり出すことに寄与している。

1-京都府京都市｜哲学の道　2-京都府京都市　3-京都府京都市　4-徳島県名西郡神山町　5-静岡県伊豆市　6-島根県出雲市　7-京都府京都市　8-佐賀県伊万里市　9-京都府京都市　10-京都府京都市

t-みち

131 長い坂や階段

ときに多様な要素が集合して視線が定まらない風景の中で、均質な表情が特異なスケールやプロポーションで現れる坂や階段は、人の注意を引きつけやすい。その長々と続く坂や階段を眺めて上るのをためらったり、逆に行きたくなったりと、人は自然とその距離をはかり、その先の行為を想像する。先が見えないほどの長い斜面であっても、身体スケールのものさしを通して、見えない向こう側へと意識が向かう。坂や階段は、今立つ場所とその先の場所を私たちの意識の中で結びつけ、見えずともたしかな場所の存在を語りかけてくる。

132 段差のシークエンス

細やかに高低差がつけられた床の上を歩くと、視線がいろいろな方向に動き、移動するにつれて風景がどんどん展開する。また、床の高低差に合わせて天井高が変化することでまとまり感のある場所が生まれたり、ずれた屋根の間から光が差し込む箇所があったりと、空間が多様になる。ずれた床と床の間に適度な距離感が生まれることもあれば、縁側のような段差が活動を促すこともある。段差のある空間は、実面積以上の広がりを感じさせる。

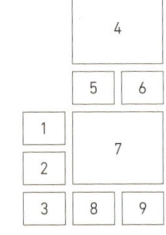

	4	
	5	6
1	7	
2		
3	8	9

1-長崎県長崎市　2-福岡県北九州市｜高須ニュータウン　3-熊本県上益城郡山都町　4-長崎県佐世保市｜さるくシティ403アーケード　5-高知県高知市｜沢田マンション　6-佐賀県伊万里市　7-長崎県長崎市　8-長野県諏訪郡下諏訪町　9-島根県出雲市

1	2
3	
4	

1-東京都港区　2-大阪府大阪市　3-長野県上田市｜山荘旅館 緑屋吉右衛門　4-愛媛県八幡浜市｜八幡浜市立川之内小学校

t-みち

133 たどる

道やフェンスに沿って記された線や記号。これらは、「こっちこっち」と手を引いて誘導するかのように、何か目的をもった人に向けてたどるべき経路がわかりやすくなるよう可視化している。線や記号のスタイルは色別にしたり、素材を変えたり、矢印にしたり、点々にしたりとその特徴はさまざまで、私たちを強く引っ張っていくような強い表現のものもあれば、楽しげなリズムを感じさせ、自然と私たちを招き入れるようなものもある。また、経路そのものの特色を表現し、誘導以外の役割を兼ねているような記号もあり、例えば犬のフンを注意する看板は、飼い主に向けた掲示板としての役割を果たしつつ、その道が犬の散歩コースだということも示唆している。

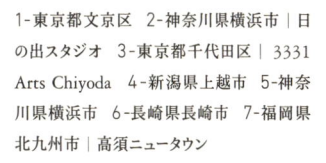

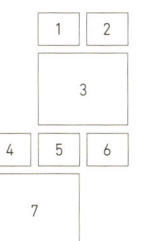

1-東京都文京区　2-神奈川県横浜市｜日の出スタジオ　3-東京都千代田区｜3331 Arts Chiyoda　4-新潟県上越市　5-神奈川県横浜市　6-長崎県長崎市　7-福岡県北九州市｜高須ニュータウン

134 何かに沿ってのびる

長い壁面や連続する塀にぴったりと寄り添ってものが配列されている。どこまでも続きそうな堤防に沿って並べられた生活道具や、壁の脇に置かれた驚くほど長いベンチなどのものやその並びが、連続する壁面や立面とともにぐんぐん先にのびている。消失点を同じにするように、壁面とものやその並びの平行がきっちりととられることで、その連続はまるで消えて見えなくなるまで延々と続いていくようであり、そのことによって懐がとても深く、また隣接する環境に対してはとても親しい印象の空間性が生まれている。長い壁面を基点として生まれる場の秩序のひとつが、ものが並べられることによって可視化されている。

1-長野県上高井郡小布施町　2-京都府京都市｜百万遍さんの手づくり市　3-高知県高知市｜ひろめ市場　4-高知県高岡郡中土佐町｜久礼港　5-鳥取県鳥取市　6-東京都中央区　7-青森県八戸市　8-石川県金沢市｜金沢21世紀美術館　9-石川県金沢市｜金沢海みらい図書館　10-岐阜県郡上市｜郡上八幡旧庁舎記念館

t-みち

135 きわふわ

道のアスファルトの舗装の際がざっくりと仕上げられ、いい加減に収められたアスファルトと土との境界で芽吹き、生い茂った草花がふわふわとその道を縁取っている。この長い時間を経てつくられたであろう柔らかな境界線は、人の活動と自生する植物との均衡によって生まれたものであるといえ、なにげなくも人と自然との共存を物語るたしかな風景のひとつである。決してドラマチックではないかもしれないが、自然とともにある風景のヒントがひそんでいる。

136 水に近い

ときには限りなく自然に近いかたちで、ときには人の手によってつくられたかたちで、水は人の活動のすぐ傍にある。それは人が生きる上でとても根源的な状況でありながら、日本においてはときに軽んじられ、災いを生むもとと見なされることもあった。水に近いということは、単に水に触れる機会が増えるだけではない。川のせせらぎに耳をそばだてたり、新緑の香りを胸いっぱいに吸い込んだり、ひんやりと冷たい風に身をさらしたりと、水がまわりにもたらす効果を五感で味わい尽くす可能性を、人びとの生活の中につくり出す。そこで得られる快楽は記憶され、また自然と人が寄り集まってくる。景観的に美しいだけでなく、人の活動と密接に関わり合ったゆたかな風景がそうして育まれていく。

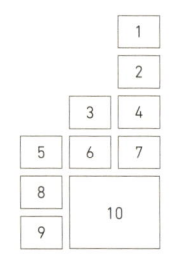

1-沖縄県糸満市｜美々ビーチいとまん 2-岩手県遠野市 3-沖縄県八重山郡竹富町 4-宮崎県延岡市 5-京都府京都市｜哲学の道 6-岩手県遠野市 7-鳥取県鳥取市 8-宮崎県延岡市 9-宮崎県延岡市｜須美江海水浴場 10-岩手県遠野市

U-おおらか

137 ゆったり使用中

広々とした平面の上で、自分のまわりにたっぷりとした空間が用意されている。芝生や砂浜、アスファルト、水面など、どこまでも同じ仕上げの面が広がっていくことで、自分が占有している場所だけでなく、その周囲までもが自分のもののような感じがして、なんとも気持ちがいいものだ。同時に、その見通しのよさから同じ空間にいる人を確認できることで、孤独を感じることもなく、同じ時間を共有する人がいるようでうれしい気分にもなる。外であれば、空もとても広々としていて、日常生活で縮こまっていた身体がどこまでも拡張されていくようだ。

1-静岡県三島市│白滝公園　2-京都府京都市　3-福岡県柳川市　4-静岡県三島市│源兵衛川　5-京都府京都市│鴨川　6-岐阜県郡上市　7-岐阜県郡上市　8-京都府京都市│貴船茶屋　9-岐阜県郡上市　10-石川県金沢市│金沢市民芸術村　11-東京都新宿区　12-静岡県伊豆市　13-静岡県伊東市

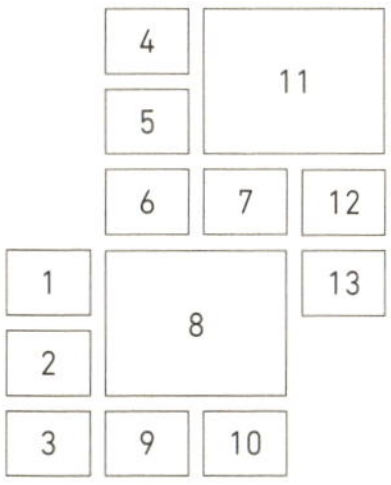

204
205

	10	12
4	11	13

	5	
1		
2	6	8
3	7	9

1-宮崎県延岡市｜須美江海水浴場　2-宮崎県延岡市｜須美江海水浴場　3-愛媛県今治市　4-静岡県伊東市｜大室山　5-鳥取県岩美郡岩美町｜田後港　6-徳島県名西郡神山町　7-山口県周南市｜徳山ステーションビル　8-京都府与謝郡伊根町　9-青森県八戸市｜八戸ポータルミュージアム　はっち　10-広島県広島市　11-宮崎県延岡市｜須美江海水浴場　12-京都府京都市　13-東京都渋谷区｜有栖川宮記念公園

u-おおらか

138 眺めがいい

眺めのいい場所。それは日常の中でふと安らぎを求めるためのささやかな場所であったり、自分や大切な人のためだけのとっておきの場所であったり、わざわざ足を運んでたどり着く非日常の場所であったりする。ベンチを置いたり、そっと屋根を架けてみたりと、ときにその設えは寄せ集めてつくられた未熟なものかもしれない。それでも「眺望」という絶対的な対象に対して、身体や精神の拠りどころとなる場所を築こうという明確な目的があることで、家具の向きや風景の切り取り方にそれぞれ最大限の工夫がなされている。風景と時間を精いっぱい享受するための努力が、そこには凝縮されているのだ。

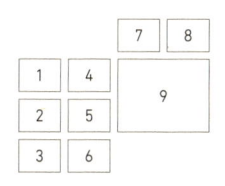

1-広島県広島市　2-東京都青梅市｜駒鳥売店　3-京都府与謝郡伊根町　4-広島県広島市｜平和公園　5-長野県下高井郡野沢温泉村　6-岐阜県郡上市　7-長野県上田市　8-石川県鳳珠郡穴水町　9-京都府与謝郡伊根町

139 がらんどう

ホールや宴会場、荷さばき所など、普段は人びとの活動の熱気でいっぱいになる場所に誰もいなくなる時間帯。そんな時に入ってみると、大きな空間にひろがるたっぷりの空気とともにある静けさが、なぜだか心地よい。その場所にアクティビティの残り香、あるいは残響のようなものを感じ取ることができるからだろうか。単なる静寂ではない。がらんとしているにもかかわらず、なんとなく空間が親密さをもっているように感じられる。

U-おおらか

208
209

140 スコンと抜けて

だるま落としのように、建築のボリュームの一部がスコンと気持ちよく抜けている。抜けた場所は四周に壁のない開放的な空間となっていて、たっぷりとあいた開口からは、爽快な風が通り抜けていきそうだ。そうした空間とは対照的に、そのすぐ上には重たいボリュームがどっしりと構えていることで、その下の空間の開放性はさらに強調され、また何かに守られたような安心感も生まれている。ガランとした下部と密実な上部がお互いにその存在感を引き立て合っている。

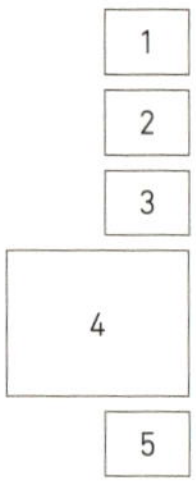

1-徳島県名西郡神山町｜神山バレー・サテライトオフィス・コンプレックス 2-愛媛県松山市 3-京都府京都市｜HOTEL ANTEROOM KYOTO 4-新潟県長岡市｜シティホールプラザ「アオーレ長岡」 5-鳥取県鳥取市 6-埼玉県入間市｜盈進学園 東野高等学校 7-新潟県上越市 8-島根県仁多郡奥出雲町｜横田町農業振興センター 9-神奈川県鎌倉市 10-静岡県伊東市｜東海館 11-長野県下高井郡山ノ内町｜湯田中駅 12-徳島県名西郡神山町 13-熊本県八代市｜八代市厚生会館 14-島根県出雲市｜出雲大社庁の舎 15-山形県酒田市｜酒田魚市場 16-京都府京都市｜北野白梅町駅 17-鳥取県岩美郡岩美町 18-青森県東津軽郡外ヶ浜町｜蟹田漁港 19-京都府京都市｜京都芸術センター 20-鳥取県鳥取市 21-愛媛県松山市｜道後温泉本館 22-新潟県糸魚川市｜筒石漁港 23-新潟県十日町市｜越後妻有交流館 キナーレ 24-千葉県習志野市｜習志野市立秋津小学校 25-長野県下高井郡山ノ内町｜歴史の宿 金具屋 26-島根県出雲市｜旧大社駅

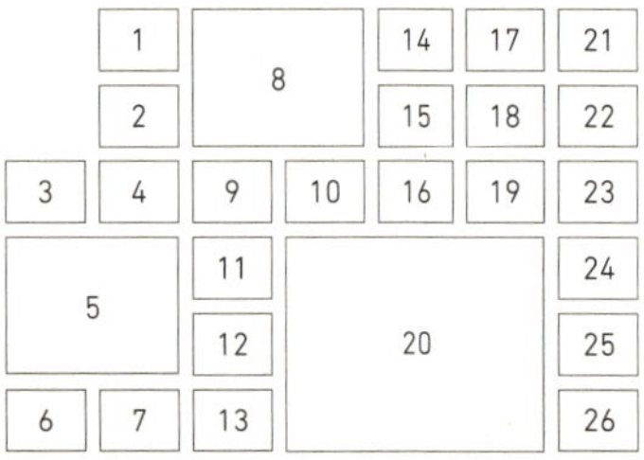

1-静岡県伊東市 2-静岡県三島市 3-長野県下高井郡野沢温泉村 4-京都府与謝郡伊根町 5-京都府京都市｜賀茂別雷神社

u-おおらか

141 包まれた空間

木々の梢がつくり出す柔らかなトンネルの中や、高い天井を持つ大きな空間の中は、包まれているような安心感を覚える場所だ。囲まれているのでもなく、覆われているのでもなく、柔らかく包まれた空気の中に自らの身を置いているような感覚。頭上で描かれる曲線の柔らかさ、光と影のバランス、開かれた感覚と閉じられた感覚のバランスなどが丁寧に組み合わされることで、やさしく、柔らかな雰囲気が生まれ、そこにいる私たちに安らかな時間を与えてくれる。

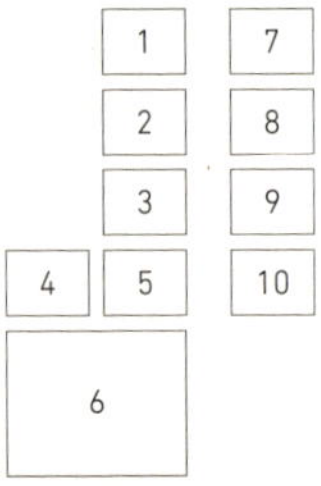

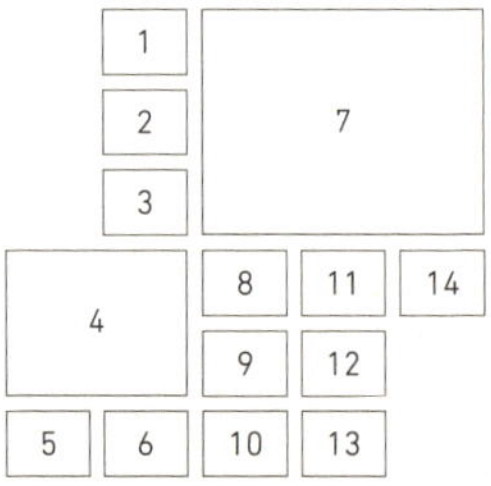

142 軽やかな構造

柱梁を構成する線材は限りなく細く、床や壁を構成する面材は限りなく薄く、または省略されるなどして、構造体の密度が最小限に抑えられている。どれも屋根は架けられており、雨や日差しをしのぐことができるようになっている。あとはその下で一時的に人が休んだり、ものが仮置きされたりする程度の設えしかなく、それ以外の機能を無駄に喚起させることはない。質量としての重さも、意味としての重さも取り払われたその存在感は、とても純粋で軽やかなものである。そこに、筒抜けとなった奥の風景が交じり込んで、中の簡単な設えやものなどはその風景の一部として取り込まれていく。この新しい風景にあるのはまた、その純粋な存在だけだ。

1-宮崎県延岡市 2-沖縄県那覇市｜城西小学校 3-鳥取県岩美郡｜浦富海岸 4-高知県高知市｜高知県立牧野植物園 5-東京都渋谷区｜はるのおがわプレーパーク 6-京都府京都市｜同志社大学 7-沖縄県糸満市｜西崎運動公園 8-京都府京都市 9-群馬県桐生市 10-東京都台東区

u-おおらか

1-愛媛県松山市 2-石川県金沢市｜金沢市民芸術村 3-愛媛県今治市｜台海水浴場 4-岩手県陸前高田市 5-静岡県伊東市 6-神奈川県横浜市 7-愛媛県今治市 8-新潟県上越市｜越後高田雁木通り 9-兵庫県姫路市｜姫路駅 10-石川県輪島市｜白米千枚田 11-長野県下高井郡野沢温泉村 12-静岡県三島市｜三嶋大社 13-岩手県陸前高田市 14-熊本県上益城郡山都町

143 あけっぴろげ

扉という扉をあけ放って、室内の様子をまちに公開している。単に涼を求める度合を超えて、そのあけ放し具合は堂々たるものだ。丸見えとなった室内の床は、土間のように道路と地続きに繋がって、誰でもすんなりと入っていけそうな気さくな雰囲気が醸し出されている。扉があけ放たれることで、外にいる人と内にいる人との関係は対等になり、中からにぎやかな話し声でも聞こえてきたら、ちょっとのぞいてみてもいいくらいの雰囲気だ。文句を言われるどころか、捕まったら最後、いつの間にか中にいる人の輪に入って、わいわいとおしゃべりしているかもしれない。あけっぴろげな扉は、地域の人の暮らしや顔の見える、風通しのよいまちづくりに貢献している。

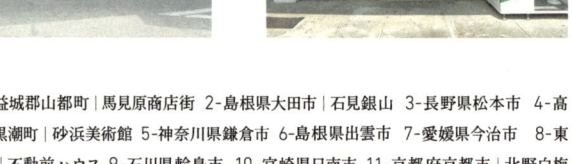

1-熊本県上益城郡山都町｜馬見原商店街 2-島根県大田市｜石見銀山 3-長野県松本市 4-高知県幡多郡黒潮町｜砂浜美術館 5-神奈川県鎌倉市 6-島根県出雲市 7-愛媛県今治市 8-東京都目黒区｜不動前ハウス 9-石川県輪島市 10-宮崎県日南市 11-京都府京都市｜北野白梅町駅 12-石川県輪島市｜野草茶屋 寺々 13-東京都葛飾区

u-おおらか／v-日常

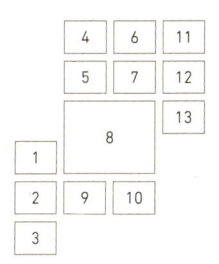

144 空間をつくっている途中

軸組のままだったり、途中まで壁を張っていたり、塗装が塗り残されていたり。つくっている途中の状態は、そこに追加されるものや人の手をおおらかに受け止める余地がある。工場やアトリエ、大学の製図室はもちろんのこと、クリーニング店や本屋といった客を迎える店舗であっても、制作現場らしい生きた魅力をもつ空間が存在する。そういった場所は建築が仮設的であるためか、空間内で行われているアクティビティが特に目に飛び込んでくるように感じる。アクティビティと建築がよいバランスを取っているといえるだろう。計画され尽くした空間（足し算的な空間）はあらかじめ利用者の創造力を限定してしまうことが多い中、このような仮設的な空間（引き算的な空間）には利用者たちに肩の力を抜いた活気あるアクティビティを生み出させるきっかけが随所に溢れている。このような足し引きのバランス感覚は、洋服のおしゃれに似ている。

145 無防備な洗濯物

太陽の光を浴び、風にはためく洗濯物。それらは日本中のあちこちで、まちの中に溢れ出している。その生活感が溢れる光景は「今日もきちんと暮らしています」という合図のようであり、洗濯物のラインナップや干し方からは、そこに住む人の性格や好みなどを読み取ることができる。ときにはカラフルなTシャツや水着、ときにはチェックのネルシャツというように、色とりどりの洗濯物はまちに彩りも与えている。さらには干された洗濯物は、並木や植栽と同じように、その素材や生地の厚みでまちに季節感をもたらす役目も果たしているのかもしれない。盗まれてしまうような心配もさほどない寛容な国だからこそ、誰に文句を言われるでもなく、洗濯物は無防備にふるまえる。

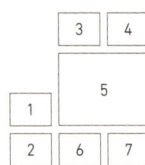

```
    | 3 | 4 |
| 1 |   5   |
    | 2 | 6 | 7 |
```

1-長野県長野市｜KANEMATSU 2-宮城県石巻市｜石巻工房 3-宮城県仙台市｜東北大学都市・建築学専攻仮設校舎 KATAHIRA X　4-香川県小豆郡小豆島町｜ei CAFE 5-群馬県桐生市　6-神奈川県横浜市　7-島根県出雲市｜石橋酒蔵

V-日常

146 みちでの生け花

家の軒先や縁側を彩るプランターなどの植栽によって、住み手の外部空間との関わり方がまちの風景に大きく反映される。ボリュームの大きな樹木が、住み手の積極的な姿勢を代弁するかのように、風景の中で強烈なインパクトを放っているのもたしかに魅力的な光景なのだが、ここに挙げたものはそれとは一線を画する小さな植栽たちだ。個々のプランターの大きさや距離感、生けられた植物の枝ぶりや葉姿、背景となる住宅の立面との関係など、その端々に住み手の品のよさや創意工夫が感じられ、これもまたみち行く人びとの鑑賞に耐えるに十分なものである。家と道路の間の境界は、慎ましやかな表現者による日々の吟味によって柔らかく緩められ、まちを彩るものとなっている。

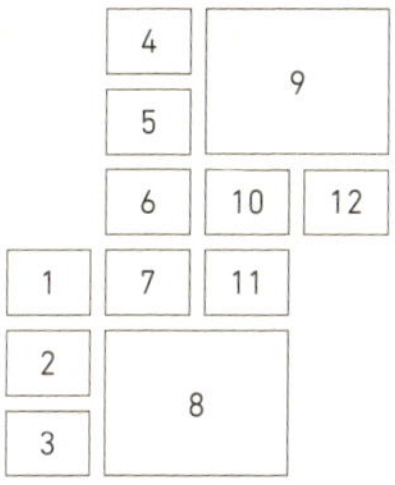

1-神奈川県横浜市｜三ツ境ハイツ 2-鳥取県岩美郡岩美町 3-高知県高岡郡中土佐町｜久礼港 4-京都府京都市 5-東京都世田谷区 6-沖縄県国頭郡国頭村 7-愛媛県喜多郡内子町 8-石川県鳳珠郡穴水町 9-高知県高知市｜沢田マンション 10-東京都豊島区 11-鳥取県岩美郡岩美町 12-東京都墨田区

147 まちの必需品

掲示板、ゴミ捨て場、バス停……。私たちの暮らすまちには、小さいけれど無くてはならない必需品といえるものがいくつもある。例えば、とあるまちの掲示板には時計が備わっていて、それが暮らしの中で欠かせないものとして位置づいていることがわかる。こういったものは、その土地の慣習やルール、暮らしと連動しながらまちの人が使いやすいようにいろいろな工夫や知恵が付加されていて、じっと見ていると周辺での出来事が浮かび上がってくる。ものがまちの暮らしを規定していく一方で、まちの暮らしは時代とともにどんどん変化し、必需品のあり方もさらに変化していく。こうして、小さな必需品と暮らしはお互いに影響しあってまちを形づくっている。

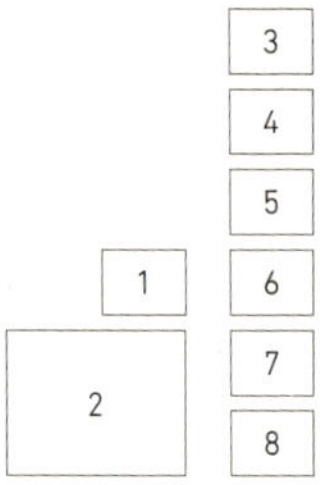

1-新潟県上越市｜越後高田雁木通り 2-鳥取県倉吉市 3-宮城県仙台市｜みんなの家 4-島根県大田市 5-石川県輪島市｜輪島朝市 6-島根県大田市 7-新潟県上越市｜越後高田雁木通り 8-島根県出雲市

v-日常

1-静岡県下田市｜道の駅 開国下田みなと 2-神奈川県横浜市 3-徳島県勝浦郡上勝町｜日比ヶ谷ゴミステーション 4-三重県伊勢市 5-島根県出雲市｜新大社駅 6-兵庫県姫路市 7-青森県黒石市 8-沖縄県那覇市｜首里駅 9-徳島県勝浦郡上勝町｜日比ヶ谷ゴミステーション 10-島根県隠岐郡海士町 11-山形県酒田市 12-兵庫県姫路市 13-兵庫県姫路市 14-東京都葛飾区 15-徳島県勝浦郡上勝町 16-大阪府大阪市｜空堀商店街 17-兵庫県姫路市 18-島根県仁多郡奥出雲町

148 パブリックライブラリー

図書館では、厳重なセキュリティによって本を守っている。雨風や日光にさらして本を劣化させるなど考えられないし、人も本を傷める要因となるため、貴重な本ともなれば決められたスペースでしか閲覧が許されない。そんな常識からは考えられないような図書の提供の仕方もある。直接外気に触れてしまう公の場所に、いつ誰が持ち出しても構わないといった具合に、堂々と本が置かれている。一般的な図書館に慣れ親しんだ私たちは管理を気にしてハラハラしてしまうが、小屋や本棚の佇まいからは、この地域に暮らす人びとが一丸となって本を守り、「汚れても構わないから、皆で読み込もうよ」という潔さや結束力が感じられる。

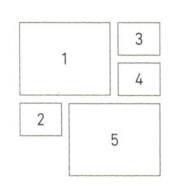

1-東京都中央区　2-東京都中央区　3-東京都杉並区　4-東京都台東区｜根津駅　5-京都府京都市｜京都御苑

149 自分の手の内でできること

古き良き看板スタンドやかわいらしい暖簾(のれん)、大きく張り出した庇、さりげなく置かれているベンチなどは、無理せず自分らしく構えているように見え、みち行く人びとを歓迎する余裕が感じられる。特別目を引くものがなくとも店主の人柄が想像でき、そこから中の雰囲気をうかがい知ることができる。ときには、その人柄に触れたくて、つい中へ入ってしまうこともある。「自然体」というのは、人にせよ店構えにせよ、魅力的なものだ。

1-東京都豊島区　2-愛媛県喜多郡内子町　3-東京都目黒区　4-岐阜県高山市　5-京都府京都市　6-大阪府大阪市　7-愛媛県松山市　8-広島県尾道市｜三軒屋アパートメント　9-千葉県船橋市　10-京都府京都市　11-京都府京都市　12-福井県大野市　13-鳥取県鳥取市　14-青森県黒石市　15-栃木県日光市　16-鳥取県倉吉市｜赤瓦一号館　17-宮城県本吉郡南三陸町　18-東京都台東区　19-沖縄県那覇市　20-香川県香川郡直島町　21-長野県松本市　22-兵庫県洲本市　23-石川県金沢市堅町｜新竪町商店街　24-東京都新宿区｜花園神社　25-京都府京都市　26-京都府京都市｜さらさ西陣　27-京都府京都市　28-東京都台東区　29-京都府京都市　30-神奈川県横浜市｜洪福寺松原商店街

v-日常

150 日常の中の物語

玄関先に置かれた椅子と将棋盤、保育園の裏の乳母車、テラスに並べられた歯ブラシ。そこにあるものの置かれ方から、そこでの日常や出来事が想像できるような時、ものはただのものではなく、誰かの「場所」がたしかにあることを伝える痕跡に変わる。まるで、ものに生命が宿り、ふるまい、物語を語り始めるようだ。語りかけてくるものは特別なものではなく、ただ日常の中にある日々のさりげない情景だ。それは、そこに生きる人びとの小さな所作や習慣から生まれた当たり前のものかもしれない。しかし、たしかな風景として、そのものを包み込む大きな風景の秩序にじわじわと繋がっていく。日々の所作が日常の小さな風景となって、大きな風景を美しく変えていくかもしれない。

1-京都府京都市　2-新潟県十日町市　3-東京都荒川区　4-高知県幡多郡黒潮町　5-沖縄県名護市｜名護市役所　6-東京都世田谷区　7-京都府与謝郡伊根町　8-石川県鳳珠郡穴水町　9-高知県高岡郡中土佐町　10-徳島県名西郡神山町　11-京都府亀岡市｜障害者支援施設 みずのき　12-島根県隠岐郡海士町　13-東京都世田谷区｜茶論ワンコイン　14-長野県長野市｜パブリックスペース OPEN　15-高知県高知市｜沢田マンション

V-日常

このリサーチを通して見えてきたもの、
気づいたこと

東京藝術大学　乾久美子研究室

風景から受け取る、無意識の知覚メカニズム
下岡由季
──

　人が風景を見た時に、反射的に「よい！」と感じるのはなぜだろうか。カンや感性といったひと言で終えてしまうにはもったいないと感じるほど、私たちの目に映る風景は多様であり、それぞれの人がよいと感じるニュアンスもさまざまである。風景を目にしてからそれを頭の中で認識するまでのごく僅かな時間に、私たちは膨大な「何か」を無意識にではあるがたしかに感じ取っているはずである。そこにひそむ知覚のメカニズムのゆたかさとは、どういったものだろうか。
　風景は、視覚的イメージとして知覚される。ときには書割のように限りなく表層的な世界のように見えることもあるし、自分とスケールとの対比があまりにも大きい場合は、非現実的な世界のように見えることもある。しかし、人はそれをおおむね事実として受け取り、認識し、信じ込むことができる。そんな時、人はその風景に、自分の自由な発想を重ね、その人なりの意味を見出すのだろう。例えば、ある風景を見た時に「あの場所は、あたたかくて気分がよさそうだから身を置いてみたい」という自身の欲求を投影したり、「ああいう場所に身を置くとあたたかいんだよね」という過去の経験から導かれた想像をめぐらせてみたりする。たとえその場所に居なくとも、自らがそこに居ることをイメージした時、どこか心地よい気分になる。そんなふうに自分の思いを投影することで、それぞれの風景の「よさ」を判断しているのではないだろうか。
　ここでは特に、日常の風景が人の想像力によって本来の姿とは違った印象として認識される場合を例に、知覚のメカニズムについて自分なりに掘り下げて考えてみようと思う。例えば木を見れば「これは木である」と思うように、あるものをぱっと見た時に最初に感じるのは、対象物そのものに与えられた名前とその名前がもっているイメージであろう。しかし、さらにそこに比喩や見立ての想像力を働かせる

ことによって、人は類推や連想というものを頭の中に生み出すことができる。この想像力を、ものを介して働く「トーン」のようなものと考えてみるのはどうだろうか。トーンという言葉は、一般的に音や色の調子を示すが、ここではある物事から感じられる気分／欲求／経験／想像／空気感／性質などを要素として形成される思考様式や心理状態のことをそう呼ぶことにしたい。そして、トーンを通してある風景を見ることで頭の中に新たに浮かび上がる風景を「風景像」と呼ぶこととする。

トーンが作用することで、風景がその人なりの意味をもつ特別な風景像として見えてくる。そうして次に投げかけられた視線は、先の風景像から連想されてまた新たな風景像を浮かび上がらせる。このような風景との一連のやりとりによって、いつの間にか風景の捉え方が更新されていく。この風景像を介した視覚と風景のやりとりによる「連想の連鎖」こそが、風景から受け取る知覚のメカニズムだといえるのではないだろうか。

例えば「46 内のように外を使う」(p.79) の川に面した花見の風景。もとからそこにあったコンクリート製の物体は、ただ隣を通り過ぎただけでは小さなコンクリートの塊にしか見えないかもしれない。しかし「この場所で花見をしたい」という「欲求のトーン」で見ると、「人が椅子に座っている」風景像が浮かび上がる。そう思ったのを皮切りに、次々と風景像が連想される。そのコンクリートの塊の隣に自分の椅子を持ち寄って、合わせて長いベンチのように皆で肩を寄せ合い使っている風景像が、さらには川辺に設けられた柵をカウンターのように使う風景像が浮かび上がってくる。あるいは「111 何かの下に入り込む」(p.173) の突き出たボリュームと自転車の風景。このコンクリートのボリュームは、室内の用途に応じてこのような形を与えられたものなのだろう。しかし、「あの時何かの下で雨宿りした」という「経験のトーン」で見ると、「雨宿りする自転車」という風景像を思い描くことができる。そうすると、木陰に駐車された車や軒下のベンチも同じように、木や庇の下で雨宿りをしているかのように見えてくる。

はたまた「115 さけるチーズ」(p.177) の階段とバルコニーの風景。階段であるはずのボリュームに「さけているみたいだ」という「想像のトーン」をかぶせてみる。すると、ひとかたまりだったバルコニー部分のボリュームがまるで「さけるチーズ」のようにツーッとさけて、「階段がニュッと地面に降りてくる」ような風景像を思い描くことができる。その風景像からはさらに、チーズをさくときの気持ちよさや、質感、触感までも連想してしまう。こうして、さまざまなトーンが頭の中に風景像を浮かび上がらせ、視覚によって得られた情報が知覚に働きかける。同じように、私たちはある風景を見て、にぎわいの音やその場所に漂う匂いまで想像することもできるのである。

これらの現象に共通することは、視覚から得られる映像は、人の想像力を土台として成立しているということだろう。目に見える風景はひとつの情報に過ぎないのだが、トーンを

通して読み解くことで結果として知覚・変換され、頭で見た「ゆたかな風景」となる。

この調査の中でのそれぞれの新しい体験は、私たちに多様なトーンを植えつけた。このリサーチを通して見出されたトーンを通してまた新たな風景を経験していくことで、次の新しい風景像がつくられていくかもしれないし、あるいは浮かび上がった風景像から新たなトーンを想起することもあるかもしれない。知覚のメカニズムを考えることで、少しだけ、無意識の中に生まれる知覚、言葉にならない感覚や感性の成り立ちを考えられたのではないかと思っている。

....

無数の形式の重なりから浮かび上がる風景の質
森田夏子
──

日常の中で、ふと目に留まる風景があったり、何でもないような場所がこよなく心地よかったりする。そんな場所には、「小さな鮮やかさ」が溢れている。一方でその鮮やかさが、建築を考える際に求める鮮やかさとは異なる性質のもののように感じてしまうことに、日々違和感を覚えてきた。いつも日常の生活や経験の中で感じられるこの小さな鮮やかさから、場所をつくることはできないのだろうか。

1年前の春から、写真というメディアを使って、私たちの生活するまちの小さな鮮やかさをひたすら大量に記録した。写真で記録されたものは、いつかどこかで出合ったシーンそのものである。そうして集めた溢れかえるほど多くの写真を、なんとなく似ているもの同士でまとめていくことを繰り返す中で、具象的な小さなシーンが幾重にも重なって、抽象的な、無形の性質のようなものが浮かび上がってくる感じがした。ひとつひとつ違うシーンが集まった写真群を、ある共通した雰囲気やムードが覆っている。「風景の質」と名づけたくなるようなものが、先に感じた鮮やかさの中心に佇んでいた。

ここでいう風景の質とは、その場所に行った時に感じるような感覚を伴い、それだけが記憶に鮮やかに残り続けるようなものである。私たちは生活の中で、自分自身の経験や記憶から、「ああこんな感じを知っているな」とか、「こうあれば気持ちいいだろうな」と、ある風景に対してその風景の質のイメージを具体的につくり込むことを、無意識のうちにやっていることがあるように思う。風景の質はそのように、誰でも想像可能なものでありながら、しかし簡単に図式化したり言語化したりすることが難しい。それゆえ私たちは、

今回の調査・分析を進める中で、似たような雰囲気の写真をかき集めたり、「ぎゅっ」「ピシッ」などの擬態語を当てはめたり擬人化してみたりして、風景の質を共有する可能性をスタディしてきたともいえる。

それを振り返るために、ひとつひとつのシーンの共通点を沢山探して、そこに何か一定の形式や構造を見つけだす作業をしてみることにした。例えば、おしゃべりする人びととものの乱雑さの一体感、そしてそこから生まれた気まま

な雰囲気が感じられる「44 ごちゃごちゃにまぎれる」(p.77)。そこに集められた数々のシーンを同時に眺めてみると、いくつかの共通項が浮かび上がってきた。

そこは誰かがのぞいたり、入ったりすることができる室内である／人は通ることができるが、車は通れないくらいのものの密度・広さである／壁または天井にまでものを飾ったり貼ったりしている／色は6色以上ある／最低ふたり以上は休憩できる設えがある／休憩スペースの椅子は木またはプラスチック製である／全体に規則性をもたせないで、乱雑にものを置いている／数種類の棚がある／いろんな種類のものがとにかく沢山置いてある／置かれているものは、決しておしゃれではない……。

このように、膨大な情報量がそのまま現れる写真という媒体のおかげで、すぐに目に入るような大きなスケールのものから、スケッチなどでは拾い上げられないようなとても小さいスケールのものまで、さまざまなスケールの共通項を延々と追いかけることができた。ときにはかなく、または取るに足らない場合もあるこれらの共通項を、これまでの建築が取り扱ってきたいわゆる「形式」と同等に扱うことはできないだろうか。そうすることでそれぞれのシーンによって成るこの写真群は、スケールの異なる多種多様な「形式」が、お互いにさまざまな関係をとりながら幾重にも折り重なっているもののように見えてくる。風景の質を生むための条件は、その重なりにこそあるのではないだろうか。

風景の質という抽象的な事象を表現するには、素材やものといった具象が必要であるし、逆に、それらの具象を選択するには、目標となる抽象が必要だ。それは、物語と文字の関係のように切っても切れない関係にある。本書に集められた、「ユニット」と呼ばれる写真群から醸し出される風景の質と、そのひとつひとつの写真に見出される沢山の形式の関係も、それに似ていると思う。ひとつのユニットの中で見出される形式は、ひとつひとつはバラバラであっても、あるひとつの質の中に収まるような相互関係をもっている。このいくつかの異なる形式の結びつきが実感されるようなひとつの抽象的なまとまりが、風景の質なのではないだろうか。図式的な大きな形式では建築の形しかつくれないし、色や家具の素材などの小さな形式だけでは建築は成立しない。それぞれ関係のないような形式でも、意味のないような小さいスケールの形式であっても、ひとつひとつ読み込んでいくことで初めて、その風景に隠された物語が浮かび上がる。例えば保坂和志の小説を読む時、ストーリーや物語などは明確に説明でき

ないままに、しかしその情景の中で何が言葉になっていくのかを感じ取りながら一文一文を読み進める。書かれていることの因果関係や必然性は、自分のもっている常識や通念では瞬時に理解することはできず、小説を読んでいくという作業の中でしか捉えることができない。ただその時間の中で、とても細やかな描写やなんでもないような会話が、徐々に一体性を帯びてくる。そんな風に、一文一文が小さなピースとなって大きな物語が浮かび上がってくるように、さまざまなスケールの形式によって全体の関係性をつくることこそが、風景の質をつくるということなのではないだろうか。

私たちが日常でよく感じる「かわいい!」「あ〜いい感じ〜」という雰囲気も、無数の形式を列挙してみることで、その「質」の正体が浮かび上がってくるかもしれない。解像度を上げた中に見えてくる、さまざまなスケールの形式が無数に集まってゆたかな関係性を築いているその総体こそが、風景の質そのものであり、また抽象性をつくり出すものであるということ。そうした仮説に立つことで私たちは、もっと自然体で、日常の小さな鮮やかさから質を伴なった建築をつくることができるだろう。これまで見落とされてきたような、小さくささやかなものを形式として捉えるまなざしから、日常と同じ地平の上で新しい建築をつくることができるのではないかと考えている。

重なりとずれがつくり出す風景
吉野太基
——

今回の調査では、風景がもつ複雑で多様な側面の中から、直感的によいと思ったあるひとつの物理的な側面に正対し、それをありのままに「小さな風景」として切り取っている。一方で、その風景の物理的な側面の中には概念的な側面もあり、前章でも詳しく述べられたように見る者の経験の蓄積や欲求によって風景の見え方は変化するともいえ、主体が複数となれば、その程度はさらに複雑なものとなる。

今回、私たちが多数の視点による分析と撮影を並行した調査を進めるにあたって、私がひとつ念頭に置いていたのは、今までの自分になかった他者の視点を自分の中に取り入れていくことであった。それはつまり、自身の風景の見方を更新していくということでもある。もちろん、他者の目を意識したとしても、自分の経験や思考をすべて排除する

のは不可能であるから、他者とまったく同じ視点で風景を捉えることができないのは当然である。だが、他者の視点を取り入れつつ自分というフィルターを通して見た風景の変容、いわば「誤読された風景の見方」というもの自体に興味があった。その結果、実際に撮りためた写真を分析する中で気づいたのは、ある人の見方をイメージして捉えたはずの場所がその人ではなく別のある人の目に留まったり、あるいはイメージした見方とはまったく違う視点で捉えられたりする、ということであった。このようにしてお互いの視点や思考に誤解が生まれることも少なくなく、そのたびに風景は新たな一面を見せながら、その多様性を増大させていった。

こうした、多主体による相互理解にずれを抱えながらの分析は、一見まとまりのない評価軸をつくってしまったように映るかもしれない。しかし、それこそが今回の調査の要所であると私は考えている。なぜなら、私たちが調査の対象とした日本の方々で出合った風景も、長い時間をかけて自然発生的にできた、あるいは誰かがつくった場所の成り立ちを、別の誰かが読み解き、上書きし、さらに別の誰かが上書きする、という数々の「場所の履歴」の上に成り立っているからだ。私が他者の視点を模したり、理解したりする際に誤読が生じたように、多主体によってつくられる風景そのものも、主体が集まり切り替わることで、解釈にいくばくかの誤読が生じる。その誤読が重なった部分の集合が、さらに多様な全体となって風景を成しているといえるのではないだろうか。

こうした、私たちの視点と、場所の履歴の双方に発生する誤読は、見る側（人）と見られる側（場所）それぞれの主体がもつ認識の間の「重なり」と「ずれ」から生じたものだといえる。ここでいう重なりとは、双方の認識の親和性であり共通性のことである。この重なりが大きければ大きいほど、認識は多主体から「共感」を得ている状態にある。一方で、ずれはそれぞれの認識の独自性である。重なりのない大きなずれは認識の共感を生まず、ずれのない認識の完全なる一致はほぼ起こりえない。重なりとずれのある状態が「誤読」であり、この誤読が連想ゲームのように、本来結びつくはずのなかった新たな認識を結びつける、重なりしろとなるのである。

私たちが親和性のある場所や場面の写真を共感の認識に沿ってまとめた中にも、それぞれの独自性によるずれがあり、また更なる認識のずれが生まれていた。「29 双子」(p.59)や「5 やまびこ」(p.22)など、対象をアナロジーによって擬人化や隠喩を用いて捉えている時点で、それがもつ元々の機能や認識から逸脱しているのは明らかだ。しかしここで大事なのは、その誤読や読み替えによるずれを含んだままの認識が、調査の過程において複数人の合意を得られ、肯定されたという点である。写真から得られる印象や構造からその場所や場面を分析することで得られた認識が本来の認識と相違していても、多くの人が「確かにそう見える」と合意できれば、それは「新しい認識」となる。極端な例かもしれないが、アニミズムにおいて、無機物が人格を投影されることによって神格化され、それが多くの人からの合意を得られて祈りの対象となり、その認識が普遍的なレベルにまで達しているのと同様である。

風景の見方は多様であり、その見方そのものが、風景をゆたかに形づくっている。場所は、見る人によって認識を与えられた時に風景として立ち現れるのだ。私たちが扱っている「小さな風景」とは、既に一般的に認識されている広範囲の解像度の低い風景、いわば「大きな風景」の中に埋没している、部分としての名もなき具体的な場所や場面を、誤読によって「新しい認識」として風景化させたものだといえるだろう。

この本にまとめられた小さな風景は、多様な視点と多様な場所や場面の成り立ち双方の重なりとずれから見出されたものだといえる。場所や場面の重なりに着目することで、そこに共通する認識や構造に気づくこともできれば、ずれを丹念に追うことによって、それぞれの独自の成り立ちに気

づくこともできるだろう。そして、私たちが新しく結びつけた認識と、それを生んだずれが、またさらなる発想の重なりしろとなってくれるはずだ。

こうした誤読による重なりとずれについて考えることは、空間を分析する立場から計画する立場へと変わっても同じ水準で行うことができるはずだ。計画された空間が時を経て使われていく過程には、必ず元あった計画に対する誤読が生じていくことになる。計画者の意図通りに利用者を完全にコントロールするのではなく、本質的な部分は押さえながらも、時代や利用者の独自性によるずれを許容できるような計画を行うことで、その空間の中に浮かび上がる大きな風景と小さな風景は、隔絶することなく重なり合いながら少しずつ変化し、徐々に重層的な空間が構築されていくことだろう。この重なりとずれに対して意識が向かなかったがために、現代の大きな風景はあるべきゆたかさを失ってしまったのではないか。ずれのない重なりは、冗長性のない受動的で被支配的な計画空間であるし、重なりのないずれは、親和性を度外視したカオスを生む。ひとりのデザイナーが大きな風景をすべてデザインすることも、小さな風景を細部までデザインすることも不可能だが、万華鏡のように、展開していく細部を利用者に託し、重なりとずれが生まれる状態を丁寧に想定することで、積み上がっていくゆたかな全体性としての大きな風景をデザインすることが可能になるのではないだろうか。ここに集められた小さな風景における多様な認識の重なりとずれを読み解くことが、私たちにとってその礎となってくれるはずである。

「満足」からつくること
谷田一平
──

本書の特徴は、「ぽつんと佇んでいる」とか「やさしく包み込んでいる」といった擬人法や、「影が呼ぶ」といった主客転倒の修辞を用いて風景を分析している点と、図式や言語（表現上の修辞はあるものの）によらず、写真の情報量はそのままに、似たもの同士のまとまりをつくっている点にある。前者は、私たちのフレッシュな驚きを使い手の視点から表現することによって広く読者の共感を誘うためのものであり、後者は、あまり押しつけがましくなく、読者ひとりひとりにその時々に想起されたイメージを共有してもらうためのものだ。

収録されているユニットは、その次元もスケールもバラバラで、構成形式について説明しているものもあれば、自然現象についてのもの、ふるまいについてのもの、雰囲気についてのものもある。写真の数が少ないため、いわゆる類型といえるほどまとまりとしては強度のないものもあるだろう。それゆえ、これらをパタンとかコードとして設計に還元したところで、既にあるもののモノマネだったり、皆が喜びそうなノスタルジアだったりと、表層的な解決法に陥りかねない。

しかし、ユニットなる概念が、「サービス」という切り口からすべての風景を一元的に捉えようとした過程で浮かび上がってきたものだということはここで特筆したい。この数か月間、似たもの同士のまとまりをつくり続ける中で、単なる目に見えるものの分析作業を超えて、なにか快楽のような感情が生まれ、私たちはそれを皆で共有してきたように思う。その正体を探り、純粋に設計の方法論として評価することはできないだろうか。

ここで、今回のリサーチが建築をつくる上でどのように活用されうるかを考えるために、サービスに「満足」という概念をつけ加えたい。これは、私たちが、サービスを受け取ることによって得られる幸福、ジェレミ・ベンサムが提唱した「最大幸福」のようなものであり、また、つくり手が細心の注意を払わなければならない使い手の好感に繋がるものだ。例えば、「107 影がちらちら」(p.163)のように、「木漏れ日」という形式が、「影のちらつき」というサービスを提供しているとする。すると誰でもそこに、「おだやか」だとか「ちょっと休みたくなる」といったポジティヴな推論を加えることができるだろう。ただし、その推論は皆の納得するような、帰納的なものでなければならない。なぜなら、「おだやかなのは、ゆったりとした雰囲気をつくる影のちらつきというサービスのためだ」とか「ちょっと休みたくなるのは、気持ちのよい木陰をつくる影のちらつきというサービスのためだ」といった具合に、命題の逆が真であることを皆が共有して初めて、私たちは「満足」を得ているといえるからだ。場合によっては、「おだやかなのは、水辺の近さというサービス」のためであるかもしれないし、「ちょっと休みたくなるのは、ベンチのさりげなさというサービス」に導かれたものであるかもしれない。このように、推論の包含関係を、ひとつひとつ重ね合わせることによって、あらゆるサービスを並列して参照することができるのではないだろうか。

それが、敷地の存在を前提とした建築設計の話に置き換わった場合も、やはり同じことがいえる。推論の包含関係を、あらかじめ想定し、共有してさえおけば、後から設計変更があっても対応できるだろう。例えば住宅の設計において、使い手が庇という形式を求めたにもかかわらず、なんらかの理由でそれを組み込むことができなかったとする。しかし、もし彼らが庇の担う「日除け」というサービスから受け取る「すずしさ」という満足を求めているのだとすれば、私たちは、すだれやタープ、パーゴラなど、同じく日除けというサービスを提供しうる形式のいずれかを、難なく選びとることができる。その際に、パーゴラという形式を選んでいたのならば、日除けのおまけに、「天蓋にからまる植物」という形式による「影のちらつき」というサービスまでつけ加えることができ、「すずしさ」とともに、先述した「おだやかさ」まで得られるかもしれない。そこでは、「107 影がちらちら」で紹介しているように、影の下に佇む人びとの生き生きとした姿を確認することができるだろう。ここでは、日除けというサービスによって私たちが生理的に心地よく感じられるかどうかが主題なのであって、その構成形式に考えをめぐらせることは二の次だ。要するに、サービスと「満足」との結びつきは、当たり前のことを当たり前にやるために必要な機知、いわゆるコノテーションに通じるものである。つくり手として、以上のようなことを気に留めておけば、自身の想像をかき立てる空間を創造できるだけでなく、使い手との合意形成もスムーズに進められるようになるだろう。誤解を恐れずにいえば、使い手は、機能とか用途といった必然的な要件に先んじて、何よりも満足を求めている。このため、つくり手は、使い手の要求(ニーズ)をおおらかに包含するような、さらにはそれを超えるようなサービスを提供すればよいのであって、彼らが想定する形式を与件として、むやみに設計を進めるべきではない。つまり、使い手の感覚的な要求を、「満足」という視点から捉えなおすことによって、それに適した多様なサービスの可能性を参照しつつ、具体的な形式に落とし込むというプロセスが大切なのだ。こうした考え方は、紋切り型の形式にとらわれずに柔軟な建築設計を考える際のオルタナティヴになりえるのではないだろうか。

232
233

あとがき

形から入る人、ならぬ、目から入る人。もしそういう言葉があるとすると、私は、そのひとりなのかなと思う。視覚から入る情報を何よりも最優先してしまうというか、パッと見つけたものが大変に気になったりするからだ。気になる理由はその場ではたいていわからない場合が多いし、直感的な判断が多分にそうであるように、実はあまり意味のないものだったりもする。

そうした人間でも設計、つまりある程度筋を通すことが必要とされている作業を続けていられるのは、視覚や直感から得た情報を解読し、咀嚼するための時間が設計中にはあるからだと思う。思いつきに近い（かもしれない）アイデアを、「なぜいいのか」「なぜそれが合理的なのか」「なぜそれが都市や建築の問題とかかわっているのか」などと考え続けるには、設計・監理の時間的な長さはとても都合がよい。ただ、アイデアの本質的な意味がなかなか解読できないことも多く、設計中に論立てがあちこちにそれることもあるし、ひどい時には竣工直前まで最初に考えたことの意味がわからないこともあるが。

このように、設計という実践の場では、そうした視覚や直感に頼ってしまうという自分のクセとのつき合い方を見つけつつあるように思う。しかし、教育の場では、なかなかうまくいかないことが多く、学生に対して「いや〜、なんとなく、こっちのほうがいいと思いますよ」と煮え切らない態度で伝えようとしてしまう。そうした悩みから、視覚的な判断なるものを徹底的に集めてみて、「目」が何をよいと感じ取っているのかを少しでも分析してみたいと感じていた。そうすれば、自分の目が感じ取っていることを、少しでも言葉にできるような気がしたからだ。

—

もうひとつ。こうした、「目」に対する興味は、4年間勤務させていただいた青木淳さんの事務所からの影響が大きいように思う。所員だった頃、青木さんとの議論では、「構成」と「質」「雰囲気」の問題を同時に考えることが当たり前で、質の問題を伴わない構成論だけにかたよったアイデアは一蹴されるという文化の中で実務を勉強させていただいた。それまでせまい意味での構成論からスタートするような設計手法しか知らなかった新卒の人間にとって、むしろ質の問題から議論をスタートするような青木さんのイマジネーションのあり方は本当に衝撃的であり、そもそも視覚でしか判断していないのに、設計を習得する中で構成論的な考え方を無理に叩き込んでいたという歪んだ自分にもついでに気づいてしまった。

—

それからというもの、青木さんのように質と構成とを自在に行き来する思考のあり方に対するあこがれをずっと抱いている。私にとって質を考えるためのイマジネーションの源泉は日常の風景にあるのだが、それが、なかなか構成の問題と結びつかない。そこをなんとかブレイクスルーする発端として、風景のリサーチを本格的に行いたいと思っていた。

—

本リサーチにはまえがきに書いた内容のほかに、以上のようないろいろな思いが含まれていた。いずれにせよ、何かきっかけがない限り、なかなか解決してみようなどとは思わないような曖昧模糊とした悩みである。それを実施に踏み切るきっかけをつくってくださったのはTOTOギャラリー・間の遠藤信行さんからのお誘いだった。「2014年の4月に展覧会をしませんか」と連絡をしてくださった時に遠藤さんの頭にあったのは「乾久美子展」だったはず。そこを、わがままを言って慣れないリサーチを行い、その結

果を研究室と連名で展示させていただくことにした。本書は、その展示内容の一部を記録したものである。
—
リサーチ中、いろいろな場所で、美しく、楽しい風景に出合った。風光明媚なものというよりは、生活にしっかりと根ざした風景や、人びとのウィットやユーモア、機転が感じられる風景に若い学生やスタッフも私も反応していた。こうした素晴らしい風景を生み出し、日々、地道にメンテナンスをしておられる方々の努力には本当に頭が下がる。日頃、荒んだ風景ばかりが目についてしまうけれど、一方では、ゆたかな風景が育まれ続けている。日本の風景はやはり美しいし面白い、そしてゆたかであると思う。そのことを改めて認識するよい機会になった。ここに風景として撮影された対象の多くは私有地にあるものであるが、公道から見える範囲であれば、特段、許可を得ずに撮影している。こうした風景の撮影は対象が曖昧であるために、撮影許可の取得をどこまでやればよいのかの判断が難しい。今回は著作権等の専門家である弁護士の水野祐さんに相談をして、敷地に入って撮影したものに関しては許可を得るようにし、また、できる限り個人の特定ができないような撮影を心がけるという判断をした。いずれにせよ、許可をくださった方々、あるいは、撮影対象になった素晴らしい風景の「持ち主」の方々に、深く感謝をしています。ありがとうございました。
—
撮影は2013年度の修士1年生である下岡由季さん、森田夏子さん、吉野太基さん、谷田一平さんを中心に修士2年の野上晴香さん、宮崎侑也さん、乾久美子建築設計事務所からは森中康彰さん、山根俊輔さんが参加した。分類や解説文作成は主に修士1年生が担当して

いる。全体の取りまとめは研究室助手の西澤徹夫さんと森中康彰さんが担当した。何をリサーチしているのか、何のためにやるのかなど、きわめて曖昧なところからスタートしたリサーチだったが、彼らのカンの良さに全面的に助けられて、なんとか人に見ていただける状態にまでもっていくことができた。

書籍は飯田将平さんという若いデザイナーにお願いした。通常、デザイナーにお願いする範囲を超えた作業を引き受けてくださったのが、建築をバックグラウンドにもつ飯田さんの興味にシンクロしたからなのか、デザイナーとしてのプロ意識からだったのかはわからないけれど、2,000枚を超える写真の意味を組み立てながらレイアウトし、書籍としてまとめるのは相当な労苦であったと思われる。飯田さんなくしては、このような書籍は生まれえなかった。

また、すべての活動が可能になったのは、TOTOギャラリー・間の遠藤さん、運営委員の内藤廣さんに声をかけていただいたからである。展覧会の体裁をなさないかもしれないような企画であったにもかかわらず、我慢強く見守ってくださった。担当の筏久美子さん、相川みゆきさん、田中智子さんには、なかなかまとまらない企画について叱咤激励をいただいた。皆さんの厳しいコメントがなければまとまることもなかった。
—
ご協力いただいた、すべての皆様に深く感謝します。「目」の問題が解決したかどうかわかりませんが、時間をかけて見続けることのできそうなとても素敵な本が生まれました。

乾久美子

参考文献

取材にかかわる参考文献・ウェブサイト

| 雑誌 | 『季刊 まちづくり』(学芸出版社、創刊号)[23]／『新建築』(新建築社、2000年以降)[114]／『造景』(建築資料研究社、創刊号)[15]／『ソトコト』(木楽舎、創刊号)[7]／『翼の王国』(全日本空輸株式会社、2007年以降)[4](五十音順)

| 書籍 | 『いきている長屋──大阪市大モデルの構築』谷直樹+竹原義二(大阪公立大学共同出版会、2013年)[1]／くうねるところにすむところ:家を伝える本シリーズ『おひとりハウス』篠原聡子(平凡社、2011年)[1]／『学校開放でまち育て──サスティナブルタウンをめざして』岸裕司(学芸出版社、2008年)[1]／『公共空間の活用と賑わいまちづくり──オープンカフェ／朝市／屋台／イベント』篠原修+北原理雄+加藤源 他、(財)都市づくりパブリックデザインセンター 編著(学芸出版社、2007年)[7]／『コミュニティ・カフェと市民育ち──あなたにもできる地域の縁側づくり』陣内雄次+荻野夏子+田村大作(萌文社、2007年)[4]／『コミュニティ・カフェをつくろう!』WAC 編(学陽書房、2007年)[3]／『コミュニティデザイン──人がつながるしくみをつくる』山崎亮(学芸出版社、2011年)[2]／『コモンで街をつくる──宮脇檀の住宅地設計』宮脇檀建築研究室 編(丸善プラネット、1999年)[8]／『住み開き──家から始めるコミュニティ』アサダワタル(筑摩書房、2012年)[4]／『生活景──身近な景観価値の発見とまちづくり』(社)日本建築学会 編(学芸出版社、2009年)[5]／『新版 コミュニティ・ビジネス』細内信孝(学芸出版社、2010年)[4]／『地域を変えるデザイン──コミュニティが元気になる30のアイデア』issue+design project、筧裕介 監修(英治出版、2011年)[4]／第9巻 まちづくり教科書シリーズ『中心市街地活性化とまちづくり会社』(社)日本建築学会 編(丸善出版事業部、2005年)[4]／『つながる──信頼でつくる地域コミュニティ』読売新聞生活情報部 編(全国コミュニティライフサポートセンター、2008年)[3]／『ドコノモン』倉方俊輔(日経BP社、2011年)[3]／『都市計画とまちづくりがわかる本』伊藤雅春+小林郁雄+澤田雅浩+野澤千絵+真野洋介+山本俊哉 編著(彰国社、2011年)[2]／『日本版スローシティ──地域固有の文化・風土を活かすまちづくり』久繁哲之介(学陽書房、2008年)[1]／『風景資本論』廣瀬俊介(朗文堂、2011年)[1]／『ふつうのむらが動くとき──地域再生への道を探る』築山崇+桂明宏(クリエイツかもがわ、2009年)[1]／新しい自治がつくる地域社会シリーズ 第3巻『変貌する自治の現場』大石田久宗 編著(ぎょうせい、2006年)[1]／『冒険遊び場がやってきた！──羽根木プレーパークの記録』羽根木プレーパークの会 編纂(晶文社、1987年)[1]／『まちづくり市民事業──新しい公共による地域再生』佐藤滋 編著(学芸出版社、2011年)[5]／『まちづくりと創造都市 2──地域再生編』塩沢由典、小長谷一之 編著(晃洋書房、2009年)[1]／『「まちづくり」のアイデアボックス』橋本憲一郎、山中新太郎 編著(彰国社、2009年)[1]／第1巻 まちづくり教科書シリーズ『まちづくりの方法』(社)日本建築学会 編(丸善出版事業部、2004年)[2]／『水辺のまちづくり──住民参加の親水デザイン』(社)日本建築学会 編(技報堂出版、2008年)[1]／『よみがえる商店街──5つの賑わい再生力』三橋重昭(学芸出版社、2009年)[14]／『路地からのまちづくり』西村幸夫 編著(学芸出版社、2006年)[10]／『GS 群団連帯編 まちづくりへのブレイクスルー──水辺を市民の手に』篠原修+内藤廣+二井昭佳 編(彰国社、2010年)[1](五十音順)

| ウェブサイト | エンジニア・アーキテクト協会 http://www.engineer-architect.jp/ [6]

※[　]内は各資料から採用した調査対象候補の場所の数(計265か所)

全体にかかわる参考文献

『生きられた家——経験と象徴』多木浩二（青土社、2000年）／講談社学術文庫『環境の哲学——日本の思想を現代に活かす』桑子敏雄（講談社、1999年）／『感性の哲学』桑子敏雄（日本放送出版協会、2001年）／ちくま学芸文庫『空間の日本文化』オギュスタン・ベルク、宮原信 訳（筑摩書房、1994年）／『景観の構造——ランドスケープとしての日本の空間』樋口忠彦（技報堂出版、1975年）／『建築構成学——建築デザインの方法』坂本一成＋塚本由晴＋岩岡竜夫＋小川次郎＋中井邦夫＋足立真＋寺内美紀子＋美濃部幸郎＋安森亮雄（実教出版、2012年）／＜知の航海シリーズ＞『さとやま——生物多様性と生態系模様』鷲谷いずみ（岩波書店、2011年）／『集落の教え100』原広司（彰国社、1998年）／『生活景——身近な景観価値の発見とまちづくり』（社）日本建築学会 編（学芸出版社、2009年）／『生物から見た世界』ユクスキュル＋クリサート、日高敏隆＋羽田節子 訳（岩波書店、2005年）／講談社現代新書『都市のコスモロジー——日・米・欧都市比較』オギュスタン・ベルク、篠田勝英 訳（講談社、1993年）／ちくま学芸文庫『日本の景観——ふるさとの原型』樋口忠彦（筑摩書房、1993年）／講談社現代新書『日本の風景・西欧の景観——そして造景の時代』オギュスタン・ベルク、篠田勝英 訳（講談社、1990年）／ちくま学芸文庫『場所の現象学——没場所性を越えて』エドワード・レルフ、高野岳彦＋阿部隆＋石山美也子 訳（筑摩書房、1999年）／『パタン・ランゲージ——環境設計の手引』クリストファー・アレグザンダー他、平田翰那訳（鹿島出版会、1984年）／『風景学入門』中村良夫（中央公論新社、1982年）／『風景の経験——景観の美について』ジェイ・アプルトン、菅野弘久訳（法政大学出版局、2005年）／『風景のなかの環境哲学』桑子敏雄（東京大学出版会、2005年）／ちくま学芸文庫『風土の日本——自然と文化の通態』オギュスタン・ベルク、篠田勝英 訳（筑摩書房、1992年）／『ペット・アーキテクチャー・ガイドブック』東京工業大学建築学科塚本研究室＋アトリエ・ワン（ワールドフォトプレス、2001年）／『メイド・イン・トーキョー』塚本由晴＋貝島桃代＋黒田潤三（鹿島出版会、2001年）／*Super Normal: Sensations of the Ordinary*, Naoto Fukasawa, Jasper Morrison (Lars Muller Publishers, 2007)／『WindowScape——窓のふるまい学』東京工業大学 塚本由晴研究室 編（フィルムアート社、2010年）

（五十音順）

協力者一覧

撮影にご協力いただいた施設

3331 Arts Chiyoda／AIRCAFE／BESSYO ESPRESSO／cafe nafsha／co-ba library／d47 MUSEUM／D&DEPARTMENT OKINAWA by OKINAWA STANDARD／D&DEPARTMENT OSAKA／D&DEPARTMENT TOKYO／efish／ei CAFE／E.N.N.／HOTEL ANTEROOM KYOTO／IID 世田谷ものづくり学校／KANEMATSU／Kapo／ORCA／アートラボあいち／青森県立美術館／赤瓦一号館／赤瓦六号館 桑田醤油醸造場／海士町中央図書館／淡路島美術大学／石巻工房／出雲大社庁の舎／イトナブ石巻／岩見沢駅／因久山焼窯元／宇都宮市立豊郷北小学校 放課後子ども教室／海の家 今浜／海の駅 なおしま／宇和米博物館／雲州そろばん伝統産業会館／叡山電鉄株式会社／盈進学園 東野高等学校／越後妻有交流館キナーレ／越後松之山体験交流施設 三省ハウス／大久保商店街 お休み処／大船渡市民文化会館・市立図書館 リアスホール／大三島ふるさと憩の家／大山祇神社／岡山後楽園／沖縄ホテル／おっこう屋／おとめ湯／皆生温泉 東光園／神奈川大学／金沢21世紀美術館／金沢海みらい図書館／金沢学生のまち市民交流館／金沢市民芸術村／カフェ大風呂敷／釜石商店街みんなの家 かだって／窯垣の小径／窯のひろば／神山センター えんがわオフィス／神山バレー・サテライトオフィス・コンプレックス／からほり御屋敷再生複合ショップ 練／川崎陶器店／川奈ホテル／起雲閣／北秋田市鷹ノ巣駅前観光案内所／貴船茶屋／木屋旅館／旧大社駅／旧澤村邸／旧山吉醤油母屋／共愛学園前橋国際大学／京都芸術センター／京都紫野の町屋 藤森寮／喜楽湯／郡上八幡旧庁舎記念館／群馬大学／恵文社 一乗寺店／高知県立牧野植物園（牧野富太郎記念館）／興福寺／黄金スタジオ／駒鳥売店／阪口茶店／沢田マンション／さらさ西陣／山楽茶屋古狸山／三軒家アパートメント／山荘旅館 緑屋吉右衛門／さんてつジオラマカフェ／シティホールプラザ「アオーレ長岡」／島根県芸術文化センター「グラントワ」／障害者支援施設 みずのき／信州 善光寺／スーパー玉出／スマート珈琲店／駿府教会／せんだいメディアテーク／台湾茶専門店 青竃／高橋家住宅／たかばたけ茶論／竹瓦温泉／竹富公民館／谷町空庭／団地堂／東海館／東京藝術学舎（京都造形芸術大学・東北芸術工科大学）／道後温泉本館／東北大学青葉山東キャンパス センタースクエア／東北大学都市・建築学専攻仮設校舎 KATAHIRA X／徳島市中央卸売市場／徳山ステーションビル／豊見城市観光プラザ てぃぐま館／ナインアワーズ京都／ナノグラフィカ／那覇市立城西小学校／名村造船所跡地 クリエイティブセンター大阪（DESIGNEAST - http://designeast.jp）／習志野市立秋津小学校／南部曲り家千葉家／西町インターナショナルスクール／沼須人形稽古場 薪水書窓庵／延岡市社会教育センター／八戸ポータルミュージアム はっち／花園神社／浜松市鴨江別館／阪急うめだ本店 うめだスーク／日の出スタジオ／日比ヶ谷ゴミステーション／弘前市民会館／弘前市役所／ピンポン食堂／福武ハウス／不動前ハウス／穂積製作所／まちの縁側 GOGO！／まちの保育園 小竹向原／松原山正願寺／水の駅「ビュー福島潟」（潟博物館）／みずのき美術館／道の駅 開国下田みなと／武蔵野美術大学／無鄰菴／明治大学／木綿街道振興会／森の図書館／野草茶屋 寺々／八幡浜市立川之内小学校／横田町農業振興センター／リビングルーム北本団地／歴史の宿 金具屋／レスト喫茶 ボルボ／老人福祉センター あずま荘（五十音順）

ご協力いただいた方々

青木淳／安部良／新居千秋／飯田善彦／伊東豊雄／工藤和美＋堀場弘／隈研吾／近藤哲雄／坂本一成／鈴木竜太＋田中匡美／妹島和世＋西沢立衛／曽我部昌史／塚本由晴＋貝島桃代／ドットアーキテクツ／内藤廣／永山祐子／西沢大良／西村浩／山中新太郎／山本理顕／水野祐

（敬称略、五十音順）

ご協力いただいたすべての方に心より感謝申し上げます。

クレジット

撮影・執筆・編集

乾久美子

東京藝術大学 乾久美子研究室

下岡由季

森田夏子

吉野太基

谷田一平

野上晴香

宮崎侑也

西澤徹夫（教育研究助手・西澤徹夫建築事務所）

乾久美子建築設計事務所

森中康彰

山根俊輔

略歴

乾久美子

1969年大阪府生まれ。1992年東京藝術大学美術学部建築科卒業、1996年イエール大学大学院建築学部修了。
1996〜2000年青木淳建築計画事務所勤務を経て、2000年乾久美子建築設計事務所を設立。2000〜2001年東京藝術大学美術学部建築科常勤助手、2011年より東京藝術大学美術学部建築科准教授に就任。主な作品に「アパートメントI」(2007年竣工／2008年新建築賞)、「フラワーショップH」(2009年竣工／2010年日本建築士会連合会賞優秀賞、2010年グッドデザイン金賞、2011年JIA新人賞、2012年BCS賞)。2012年には第13回ヴェネチア・ビエンナーレ国際建築展日本館に「ここに、建築は、可能か」(伊東豊雄、藤本壮介、平田晃久、畠山直哉と協働)を出展し、金獅子賞を受賞。

小さな風景からの学び
さまざまなサービスの表情

2014年4月17日 初版第1刷発行
2022年1月20日 初版第4刷発行

編著者＝乾久美子＋東京藝術大学 乾久美子研究室
発行者＝伊藤剛士
編集協力＝株式会社 鷗来堂
装丁・本文デザイン＝飯田将平＋深川 優
印刷・製本＝株式会社サンエムカラー
発行所＝TOTO出版（TOTO株式会社）
〒107-0062 東京都港区南青山 1-24-3 TOTO 乃木坂ビル 2F
｜営業｜ TEL 03-3402-7138 FAX 03-3402-7187
｜編集｜ TEL 03-3497-1010 URL https://jp.toto.com/publishing

落丁本・乱丁本はお取り替えいたします。
本書の全部又は一部に対するコピー・スキャン・デジタル化等の
無断複製行為は、著作権法上での例外を除き禁じます。
本書を代行業者等の第三者に依頼してスキャンやデジタル化することは、
たとえ個人や家庭内での利用であっても著作権法上認められておりません。
定価はカバーに表示してあります。

©2014 Kumiko Inui
Printed in Japan
ISBN 978-4-88706-341-9